James Allen

Sei come pensi di essere

EDIZIONE SPECIALE

AREA 51 PUBLISHING

A cura di: Simone Bedetti
Traduzione: Luca Martello

Titoli originali: *As a Man Thinketh* (1902), *The Way of the Peace*, *The Path to Prosperity* by James Allen

Prima edizione ebook Area51 Publishing: © giugno 2012

Segui **Area51 Publishing** su:

www.facebook.com/Area51.Publishing
http://www.facebook.com/Area51.Publishing

www.twitter.com/Area51editore
http://www.twitter.com/Area51editore

www.youtube.com/Area51Publishing
https://www.youtube.com/Area51Publishing

www.instagram.com/area51publishing
https://www.instagram.com/area51publishing/

www.area51editore.com

http://www.area51editore.com

Premessa

Questo piccolo volume (risultato di meditazioni ed esperienze) non va inteso come un trattato esaustivo sul potere del pensiero, tema sul quale è stato scritto tanto. Più che indicazioni, trovate dei suggerimenti rivolti a stimolare uomini e donne verso la scoperta e la percezione della verità.

Siete voi i creatori di voi stessi. Ciò accade grazie ai pensieri, che permettono di scegliere e rassicurano; è la mente la grande tessitrice sia dell'abito interiore, ovvero del carattere, sia di quello esteriore, ovvero delle circostanze. Quindi, se fino a questo momento non ha tessuto che ignoranza e dolore, d'ora in poi potrà tessere la vostra illuminazione e felicità.

James Allen
Broad Park Avenue
Ilfracombe, Inghilterra

1
Pensiero e carattere

L'affermazione "Come un uomo pensa nel suo cuore, così è" non riguarda solo ogni essere umano, ma si estende a tutte le condizioni e le circostanze della nostra vita. Un uomo è letteralmente ciò che pensa, il suo carattere è la somma di tutti i suoi pensieri.

Come una pianta germoglia dal seme, e senza di esso non potrebbe esistere, allo stesso modo ogni azione di un uomo germoglia dai semi nascosti nel suo pensiero, e non si potrebbe rivelare senza di essi. Possiamo applicare questo concetto sia agli atti definiti "spontanei" e "non premeditati" sia a quelli compiuti "deliberatamente".

L'azione è il fiore del pensiero, e gioia e sofferenza sono i suoi frutti; così l'uomo raccoglie i frutti dolci e amari del suo stesso pensiero.

Grazie alla scienza, possiamo trovare le parole per dare una risposta sufficientemente precisa a questa domanda.

"Il pensiero nella mente ci ha creati, quel che siamo
è stato creato e costruito dal nostro pensiero. Se la mente di un uomo
ospita cattivi pensieri, il dolore gli va dietro
come il giogo trascina il bue…
…se egli dimora
nella purezza del pensiero, la gioia lo seguirà
come la sua stessa ombra – è sicuro."

L'uomo è un essere in costante crescita, non una creatura artificiosa, e causa ed effetto sono tanto assoluti e inequivocabili nell'oscuro regno del pensiero quanto nel mondo delle cose materiali e tangibili. Un carattere nobile e divino non è frutto del caso, bensì il risultato naturale di uno sforzo perpetuo del pensiero positivo, l'effetto di un lungo contatto con pensieri divini. Un carattere ignobile e bestiale, allo stesso modo, è la conseguenza del continuo rifugiarsi in pensieri spregevoli.

L'uomo si crea o si annienta da solo; nell'arsenale del pensiero egli forgia le armi con cui distruggersi; egli realizza anche le armi con cui costruire per sé dimore celestiali di gioia, d'energia e di pace. Ascende alla Divina Perfezione tramite una corretta applicazione del pensiero; dall'abuso e dalla cattiva attuazione del pensiero egli sprofonda sotto il livello bestiale. Fra questi due estremi si contano tutte le sfumature graduali del carattere: l'uomo è l'unico loro artefice e signore.

Tra le più belle verità sull'anima riportate alla luce in quest'epoca, nessuna è più gioiosa e piena di divine promesse e di fiducia come questa: che l'uomo è il signore del pensiero, scultore del carattere, artefice delle sue circostanze, del suo ambiente, della sua realtà e del suo destino.

Come un essere che possiede Potere, Intelligenza e Amore, l'uomo che è padrone dei suoi pensieri detiene la chiave per qualsiasi situazione e custodisce quell'elemento trasformatore e rigeneratore grazie al quale può fare di sé ciò che vuole.

L'uomo è sempre il padrone, anche nei momenti di più grande debolezza e senso d'abbandono. Però nello svilimento e nella debolezza si comporta come un cattivo padrone che trascura la sua casa. Quando inizia a riflettere sulla sua condizione e a trovare diligentemente la Legge sulla quale il suo essere si fonda, allora egli diventa un padrone saggio che dirige le sue energie con intelligenza, orientando i pensieri e rivolgendoli verso i migliori argomenti. In tal modo l'uomo può diventare signore cosciente, scoprendo dentro sé le leggi del pensiero; tale scoperta è un processo composto unicamente di autoanalisi, applicazione ed esperienza.

Solo cercando e setacciando a lungo si possono rinvenire oro e diamanti, e l'uomo può recuperare qualsiasi verità connessa al suo essere scavando profondamente nella miniera della sua anima. Solo così capirà che è il creatore del proprio carattere, della propria realtà e del proprio destino. Egli può infallibilmente mettersi alla prova se osserverà, controllerà e modificherà i suoi pensieri, tracciando i loro effetti su di sé, sugli altri, sulla propria vita e sulle circostanze. Unendo cause ed effetto con paziente indagine e utilizzando le proprie esperienze, anche le più banali e quotidiane, egli può raggiungere la conoscenza di se stesso che consiste nella Comprensione, nella Saggezza e nella Capacità. La legge assoluta va in questa direzione e sostiene:

"Colui che cerca trova; e per chi bussa la porta sarà aperta."

Solo con pazienza, pratica e perseveranza l'uomo può accedere alla Porta del Tempio della Saggezza.

2
L'effetto del pensiero sulle circostanze

La mente dell'uomo si potrebbe paragonare a un giardino, coltivato con diligenza oppure abbandonato allo stato selvaggio; in ogni caso, coltivato o trascurato, esso darà dei frutti. Se non si piantano dei buoni semi, allora prospereranno semi inutili, e riprodurranno la loro inutile specie.

Così come un giardiniere coltiva il suo terreno, sradicando le erbacce e lasciando crescere fiori e alberi da frutto di cui ha bisogno, così un uomo cura il giardino della sua mente, strappando via ciò che di sbagliato, di inutile e di impuro si annida fra i pensieri e coltivando alla perfezione i fiori e i frutti dei pensieri giusti, utili e puri. Seguendo questo metodo l'uomo, presto o tardi, scopre di essere il maestro giardiniere della propria anima, padrone della propria vita. Egli rivela anche, nella sua interiorità, le leggi del pensiero e comprende, con un'esattezza sempre più cristallina, come la forza del pensiero e gli elementi della mente operino sulla formazione del carattere, delle circostanze e del destino.

Pensiero e carattere sono una cosa sola, e poiché è esclusivamente attraverso l'ambiente e le circostanze che il carattere si può scoprire e quindi manifestare, le condizioni esterne della vita saranno sempre l'effetto dello stato interiore di ciascuno di noi. Questo non vuol dire che le circostanze in cui si trova un uomo in un dato momento della sua vita siano un'indicazione di tutto il suo carattere, ma che quelle circostanze sono così intimamente connesse agli elementi del suo pensiero vitale che, in quel momento, sono indispensabili per il suo sviluppo.

Ogni uomo si trova in una data situazione a causa della Legge del proprio essere; i pensieri che ha costruito col suo carattere lo hanno condotto dove si trova; non ci sono elementi lasciati al caso nelle circostanze della sua vita. Tutto è il risultato di una Legge che non commette errori. Tale tesi può essere applicata sia a coloro che non si sentono "in armonia" con l'ambiente circostante sia a coloro che invece vivono in armonia con il proprio ambiente.

Come ogni essere che evolve e progredisce, l'uomo vive una determinata situazione per imparare e per crescere, imparando una nuova lezione spirituale da ogni circostanza che gli tocca affrontare.

L'uomo si considera vittima delle circostanze esterne ma quando si accorgerà del potenziale creativo che possiede e del fatto che può controllare e guidare le risorse più nascoste del suo essere, allora diverrà padrone di se stesso.

Le circostanze nascono dal pensiero, come sa bene chiunque abbia praticato, per breve o lungo tempo, l'autocontrollo e l'autopurificazione. Tale persona si sarà resa conto che il cambiamento delle circostanze è avvenuto in esatto accordo con i suoi mutamenti mentali. Ciò corrisponde al vero, poiché quando un uomo si adopera per rimediare con sincerità ai difetti del proprio carattere, egli produce un rapido e netto cambiamento di sé e delle circostanze.

L'anima attrae ciò che segretamente già contiene in sé: sia quel che ama, sia quel che teme; può raggiungere la vetta delle proprie aspirazioni o abbassarsi al livello dei più sfrenati desideri – le circostanze non sono che il mezzo con cui l'anima riceve ciò che ha già.

Ogni singolo seme-pensiero gettato nella mente e lasciato lì a mettere radici fiorirà presto o tardi in un'azione e donerà il suo frutto di opportunità e circostanze. I buoni pensieri daranno buoni frutti, i cattivi pensieri daranno frutti cattivi.

Nel mondo interiore del pensiero si plasma quello esteriore delle circostanze ed esse sono fondamentali per il bene ultimo di una persona, piacevoli o spiacevoli che siano. In quanto mietitore del proprio raccolto, l'uomo impara sia dalla sofferenza che dal benessere.

Seguendo i desideri più intimi, le aspirazioni, i pensieri con cui egli si lascia dominare (seguire il fuoco fatuo dell'immaginazione o camminare con fermezza lungo la strada della perseveranza, salda ed elevata), un uomo raggiunge la realizzazione nelle condizioni esterne della sua vita. Ottenendo in ogni campo le leggi della crescita e del soddisfacimento dei suoi bisogni.

Non si finisce in prigione per la tirannia del destino o delle circostanze ma perché si è scelto di percorrere un sentiero di pensieri e desideri abbietti. Un uomo dalla mente pura non cade improvvisamente vittima del crimine per via di qualche forza esterna; il pensiero criminale covava a lungo nel suo cuore e il momento più opportuno ha rivelato il suo potere nascosto. Le circostanze non fanno l'uomo: lo rivelano. Queste conseguenze non si trasformano in virtù senza il mantenimento delle aspirazioni umane e non degradano in vizio senza una viziosa inclinazione dell'individuo; l'uomo dunque è signore e padrone del pensiero, autore di sé e dell'ambiente che lo circonda. Già dalla nascita l'anima prende possesso del suo io interiore, e a ogni passo del suo pellegrinaggio terreno attrae a sé circostanze esterne, riflesso della propria purezza, della propria impurità, della propria forza e della propria debolezza.

Gli esseri umani non attraggono ciò che vogliono, ma ciò che sono. I loro capricci, le loro fantasie e ambizioni subiscono ostacoli nel corso della vita; tuttavia i loro desideri e pensieri più intimi si nutrono di se stessi, buoni o cattivi che siano. La "divinità che dà forma ai nostri propositi" [William Shakespeare, "Amleto"] è dentro di noi; è proprio il nostro essere. L'uomo si mette le manette da solo: pensiero e azione sono i carcerieri del Destino (essi imprigionano il nostro essere vile) ma sono anche Angeli della Libertà (liberano il nostro essere nobile). L'uomo non ottiene ciò che desidera grazie alle preghiere ma grazie alla rettitudine. Le preghiere e i desideri avranno una risposta solo quando saranno in armonia con i pensieri e le azioni.

Alla luce di questa verità, cosa significa dunque "lottare contro le circostanze"? Significa che un uomo è in costante rivolta contro un effetto esterno mentre per tutto il tempo nutre e rinforza la causa custodita nel proprio cuore. Questa causa potrebbe assumere la forma di un vizio deliberato o di una debolezza inconscia; qualunque cosa sia, essa ostacola gli sforzi del suo possessore e grida a gran voce di essere ascoltata.

Gli uomini sono ansiosi di migliorare le circostanze della propria vita ma sono riluttanti a cambiare se stessi: continuano così a restare bloccati. Chi non teme il sacrificio non può fallire il raggiungimento dell'obiettivo su cui si fonda il proprio cuore. Ciò vale per le cose terrene come per quelle celesti. Anche l'uomo il cui unico scopo è quello di accumulare ricchezze deve essere pronto a fare grandi sacrifici personali prima di portare a termine il suo obiettivo. Ancora più importante è questa regola per chi intende condurre una vita sana ed equilibrata.

Prendiamo un uomo drammaticamente povero. Egli è ansioso di poter migliorare la comodità della sua casa e l'ambiente circostante, ma non fa che lavorare svogliatamente, e crede sia giusto così ingannare il padrone con la scusa del salario troppo basso. Un uomo simile non ha compreso i più semplici rudimenti che stanno alla base della vera prosperità: non solo, perciò, è inadatto a risollevarsi dalla miseria, ma con simili pensieri ingannevoli, indolenti e vigliacchi attrae a sé altra povertà, in quantità ancora maggiore.

Immaginiamo un uomo molto ricco vittima di una malattia da cui è difficile guarire: la golosità. È disposto a spendere grandi quantità di denaro per liberarsene ma non a sacrificare i desideri legati alla golosità. Pretende la salute ma non sa fare a meno di cibi grassi e poco naturali. Un uomo del genere è completamente incapace di essere in salute perché non ha ancora imparato quali siano i princìpi di una vita sana.

Facciamo l'esempio di un datore di lavoro che utilizza mezzi disonesti pur di non pagare il salario completo ai suoi lavoratori, sperando di aumentare i propri profitti. Quest'uomo è totalmente inadatto alla prosperità e quando si troverà in bancarotta, sia economicamente che dal punto di vista della reputazione, darà colpa alle circostanze, ignorando il fatto che è lui soltanto il responsabile di tale situazione.

Ho scelto questi tre casi per dimostrare come l'uomo sia la causa (quasi sempre inconsapevole) delle proprie circostanze, e che pur aspirando a un buon fine non farà che frustrarne la realizzazione con pensieri e desideri che male si armonizzano con tale fine. Potrei continuare all'infinito con altri esempi, ma non è necessario. Il lettore, se vuole, può esercitarsi a tracciare la catena di cause ed effetti che regolano le leggi del suo pensiero: se lo fa, noterà che non può partire unicamente dagli elementi esterni della propria vita, ma che ogni circostanza esterna, risalendo la catena di causa ed effetto, lo porterà al proprio pensiero, a elementi interni.

Tuttavia le circostanze sono talmente complicate, il pensiero è così profondamente radicato e le condizioni per la felicità così variabili da individuo a individuo che la condizione totale dell'anima di un uomo non può essere giudicata da un'altra persona in base alle condizioni esteriori. Un uomo può essere onesto per certi aspetti, e nonostante questo soffrire di privazioni; un altro può essere disonesto per certi aspetti ma acquisire ricchezza... La conclusione secondo cui un uomo fallisce a causa della sua onestà e un altro si arricchisce grazie alla sua disonestà è il risultato di un giudizio superficiale che considera l'onesto completamente virtuoso e il disonesto completamente corrotto. Alla luce di una conoscenza più profonda e di una più ampia esperienza dell'esistenza, tale concetto risulta errato. L'uomo disonesto può possedere mirabili virtù che l'altro magari non ha; e l'onesto può avere dei vizi detestabili che l'altro non ha. L'uomo onesto raccoglie buoni risultati dai suoi pensieri e dagli atti onesti, ma porta su di sé anche le sofferenze causate dai suoi vizi. L'uomo disonesto accumula allo stesso modo la propria sofferenza e felicità.

La vanità umana è solita far credere che una persona debba necessariamente soffrire per la propria virtù; finché però non estirpa ogni pensiero impuro, amaro e malsano dalla sua mente, e finché non ripulisce la propria anima, non saprà riconoscere e poi dichiarare che le sofferenze sono il risultato delle buone qualità e non di quelle cattive. Nel sentiero verso la perfezione suprema, molto prima di poterla raggiungere, l'uomo incontra la Grande Legge, che è assolutamente equanime e che non confonde il bene con il male o il male con il bene. Allora egli, con una simile conoscenza, guardando a un passato di cecità e ignoranza, saprà che la sua vita d'ora in poi sarà giustamente ordinata, e che le passate esperienze, quelle positive e quelle negative, sono state il giusto risultato del suo cammino evolutivo.

I buoni pensieri e le buone azioni non possono produrre cattivi risultati; i cattivi pensieri e le cattive azioni non possono produrre buoni risultati. È come dire che dal mais non si ottiene altro che mais o che dalle ortiche non si ricavano che ortiche. Nel mondo della natura gli uomini accettano questa legge e con essa lavorano; pochi tuttavia la comprendono nel mondo mentale e in quello morale (anche se il suo funzionamento è altrettanto semplice e invariabile); perciò non cooperano con essa.

La sofferenza è sempre la conseguenza del pensiero sbagliato in qualche direzione: è un segnale che indica l'assenza di armonia di un individuo con se stesso, con la Legge del suo essere. L'impiego esclusivo ed estremo della sofferenza è quello di purificare, di bruciare tutto ciò che è inutile e impuro. Non ci sarebbe motivo di bruciare l'oro quando le impurità sono state eliminate, e un essere perfettamente puro e illuminato non può soffrire.

Le circostanze cui va incontro un uomo sofferente sono il risultato della sua mancanza di armonia mentale. Le circostanze cui va incontro un uomo pieno di beatitudine sono il risultato dell'armonia della sua mente. La felicità, non la ricchezza tangibile, è la misura del pensiero corretto; la miseria, non la mancanza di beni materiali, è la misura del pensiero sbagliato. Un uomo può essere maledetto ma ricco, può essere benedetto ma povero. Felicità e ricchezza si uniscono solo quando sono spese correttamente e con intelligenza; e il povero cade in miseria solo quando interpreta il suo destino come un fardello imposto ingiustamente.

Indigenza e indulgenza sono i due estremi della miseria. Entrambe ugualmente innaturali, sono il risultato del disordine mentale. Un uomo non è realizzato finché non è un essere felice, sano e benestante; e felicità, salute e benessere sono il risultato di un rapporto armonioso dell'io interiore con quello esteriore, dell'uomo con il suo ambiente.

Un uomo comincia a essere tale soltanto quando smette di lamentarsi e di insultare ogni cosa, e inizia a cercare la giustizia celata che regola la propria vita. In tal modo adatta la propria mente a questo fattore regolatore e cessa di scaricare sugli altri le cause della propria condizione, iniziando a costruire se stesso con pensieri forti e nobili; inoltre smette di addossare la colpa alle circostanze e comincia a utilizzarle come aiuto per il suo progresso, e come un mezzo per scoprire i poteri nascosti e le possibilità custodite dentro di sé.

È la Legge il principio dominante nell'universo, non il Caos; la giustizia, non l'ingiustizia, è l'anima e la sostanza della vita; la rettitudine è la forza in movimento che governa il mondo spirituale, non la corruzione. Le cose stanno così e a noi non spetta che imboccare la giusta strada per capire che l'universo è perfetto. E durante questo processo ci accorgeremo che cambiando il modo di pensare le cose e le altre persone, le cose e le altre persone cambieranno verso di noi.

La prova di questa verità è in ogni persona, ed è facile verificarla con l'autoanalisi e un'onesta introspezione. Lasciate che i vostri pensieri mutino radicalmente e sarete colpiti dalla rapida trasformazione delle condizioni materiali della vostra vita.

Siamo convinti che i pensieri non abbiano effetti concreti, ma non è vero; i pensieri si cristallizzano rapidamente in abitudini e le abitudini si materializzano in circostanze. Pensieri bestiali si cristallizzano in abitudini malsane, che si materializzano in circostanze di miseria e malattia; pensieri impuri si cristallizzano in abitudini snervanti e confuse, che si materializzano in circostanze avverse e distrazioni; pensieri paurosi, pieni di dubbi o indecisioni si cristallizzano in abitudini deboli, vili e d'irrisolutezza, che si materializzano in circostanze di fallimento, indigenza e dipendenza servile. Pensieri pigri si cristallizzano in abitudini disoneste, che si materializzano in circostanze di miseria; pensieri d'odio e condanna si cristallizzano in abitudini di accusa e violenza, che si materializzano in circostanze di conflitti, ingiurie e persecuzioni; pensieri egoistici si cristallizzano in abitudini di ricerca esclusiva di sé, che si materializzano in circostanze sempre più dolorose.

Allo stesso modo, pensieri puri si cristallizzano in abitudini di sobrietà e autocontrollo, che si materializzano in circostanze di riposo e pace; pensieri di coraggio, fiducia in se stessi e decisione si cristallizzano in abitudini virili, che si materializzano in circostanze di successo, abbondanza e libertà; pensieri energici si cristallizzano in abitudini di energia e produttività, che si materializzano in circostanze piacevoli; pensieri gentili e di perdono si cristallizzano in abitudini benevole, che si materializzano in circostanze di protezione e conservazione; pensieri d'amore e privi di egoismo si cristallizzano in abitudini di gratitudine e generosità, che si materializzano in circostanze di prosperità e ricchezza autentica, sicura e permanente.

Un particolare pensiero nel quale si persista, buono o cattivo che sia, produce sempre degli effetti in termini di carattere, abitudini e circostanze. Un uomo non può scegliere in modo diretto le circostanze esterne della propria vita, ma può governare i propri pensieri e plasmare in tal modo, indirettamente, tali circostanze.

La natura guida ognuno di noi alla realizzazione dei nostri pensieri, che dobbiamo valorizzare, e le opportunità che si presentano generano pensieri con maggior rapidità, sia quelli cattivi che quelli benevoli.

Basta che eliminiamo i pensieri negativi e tutto il mondo si ammorbidirà nei nostri confronti e tutti saranno pronti a venirci in aiuto; basta che gettiamo via i pensieri di debolezza e malattia e le opportunità sbocceranno su ogni mano che ci sosterrà nelle nostre ferme risoluzioni; basta che stimoliamo i buoni pensieri e nessun destino avverso ci condurrà alla disgrazia. Il mondo è il nostro caleidoscopio e le varie combinazioni di colore che ci si presentano sono le proiezioni dei nostri pensieri, perennemente in movimento.

"Sei come pensi di essere.
Lascia che il fallimento fugga altrove
E che il tuo spirito resti libero
E conquisti ciò che merita."

"Domina il tempo, conquista lo spazio;
intimorisci quel vanaglorioso ingannatore, il Fato,
dichiara la tiranna Sorte
Deposta e asservita."

"La Volontà umana, quella forza invisibile,
frutto di un'Anima immortale,
può aprire la strada verso qualunque traguardo,
anche se pareti granitiche dovessero ostacolarla."

"Non essere impaziente se sembra tardi
Ma attendi come colui che comprende;
quando lo spirito s'innalza e ordina
Gli dèi sono pronti all'obbedienza."

3
L'effetto del pensiero sul corpo e sulla salute

Il corpo è il servitore della mente. Obbedisce alle operazioni della mente, sia che vengano espresse deliberatamente sia che vengano ordinate automaticamente. All'apparire di pensieri negativi, il corpo sprofonda immediatamente nella malattia e nel decadimento; al sorgere di pensieri felici e allegri, si riveste di bellezza e gioventù.

Così come le circostanze della nostra vita, anche la malattia e la salute sono radicate nel pensiero. Pensieri non sani si materializzeranno in un corpo non sano. Si sa che i pensieri di paura hanno ucciso con la rapidità di un proiettile, e stanno ancora mietendo migliaia di vittime, sebbene con minore velocità. Le persone che vivono in ansia e malattia sono quelle che soccombono. L'ansia demoralizza tutto il corpo e spalanca le porte alla malattia. Allo stesso modo i pensieri impuri, anche se non coinvolgono il piano fisico, manderanno presto in frantumi il sistema nervoso.

I pensieri forti, puri e felici irrobustiscono il corpo rendendolo vigoroso e colmo di grazia. Il corpo umano è uno strumento delicato e flessibile che risponde prontamente ai pensieri che in esso si imprimono. Le abitudini del pensiero producono su esso i propri effetti, quelli buoni e quelli cattivi.

Continueremo ad avere il sangue avvelenato e impuro finché non cambieremo i nostri pensieri. Da un cuore pulito si ottengono un corpo e una vita puliti. Da una mente senza onore derivano un corpo corrotto e una vita disonorata. Il pensiero è la fonte dell'azione, della vita e della manifestazione; se la fonte è pura, ogni cosa lo sarà.

Un cambio di dieta non aiuterà colui che non cambierà i suoi pensieri. Quando un uomo ha pensieri puri non vorrà cibo che non sia altrettanto puro.

Da pensieri puliti scaturiscono abitudini pulite. Chi si dice santo ma non desidera lavare il suo corpo, non è santo. Colui che ha irrobustito e purificato i propri pensieri non deve preoccuparsi di un microbo malevolo.

Se volete proteggere il vostro corpo, sorvegliate la vostra mente. Se volete rinnovare il vostro corpo, rinnovate la vostra mente. Pensieri di malizia, invidia, delusione, scoraggiamento privano il corpo della salute e della grazia. Non è per via del caso che un volto si carica di amarezza; è la conseguenza dei pensieri agri. Quelle rughe che rovinano il volto provengono dalla passione, dalla superbia e dalla follia.

Conosco una donna di novantasei anni che possiede un viso luminoso e innocente di ragazza. Conosco un ragazzo ancora giovane nel cui volto è scomparsa l'armonia. La prima è il risultato di una predisposizione alla dolcezza e alla solarità; il secondo dell'eccessiva passione e dello scontento.

Così come non si può pretendere di avere una dimora assolata e sana se non si aprono le finestre per arieggiare e fare entrare la luce, così un corpo sano e un viso solare non possono che dipendere da una mente aperta a pensieri di gioia, serenità e volontà.

Sui volti di molti anziani si leggono rughe scolpite dalla simpatia, altre dal pensiero solido e puro e altre ancora scavate dalla brama: come non distinguerle? Per coloro che hanno vissuto con rettitudine la vecchiaia è pacifica, calma, dolce e leggera, come il sole al tramonto. Recentemente ho visto un filosofo sul letto di morte. La sua vecchiaia era solo anagrafica. Si è spento dolcemente e serenamente così come aveva vissuto.

Non c'è medico migliore, per curare i malanni del corpo, dei pensieri allegri; niente è più confortante della buona volontà per disperdere le ombre delle pene e del dispiacere. Convivere con persistenti pensieri di malessere, cinismo, sospetto e invidia è come costruirsi una prigione e restarvi rinchiusi. Pensare positivamente di tutto e di tutti, stare allegri, imparare pazientemente a vedere il buono delle cose con pensieri privi di ogni egoismo dischiude le porte del cielo; coltivare giorno per giorno pensieri di pace verso ogni creatura restituirà infine pace in abbondanza.

4
Pensiero e proposito

Fino a che pensiero e proposito non saranno uniti, non si conseguirà nulla di efficace. La maggior parte delle persone lascia che la barca del pensiero vada alla deriva nell'oceano della vita.

Coloro che non hanno un obiettivo nella vita cadono facilmente preda delle più meschine preoccupazioni, delle paure, dei problemi e delle autocommiserazioni; tutte spie di debolezza che conducono al fallimento, all'infelicità e alla perdita, poiché in un universo potente e in continua evoluzione la debolezza ha vita breve.

Ognuno di noi dovrebbe avere nel cuore un traguardo e prefiggersi di raggiungerlo. Dovrebbe rendere tale scopo il fulcro centrale dei suoi pensieri. Tale traguardo può assumere la forma di un ideale spirituale o può essere un obiettivo mondano, a seconda del nostro modo di essere, ma qualunque cosa sia, ognuno di noi dovrebbe costantemente concentrare le forze del proprio pensiero su tale oggetto. Trasformarlo nel dovere supremo, dedicarsi alla sua realizzazione, non permettendo che i pensieri si perdano dietro effimeri desideri e fantasie. Questa è la strada maestra per l'autocontrollo e la vera concentrazione del pensiero. Anche se faremo degli errori nel raggiungimento dello scopo (e li faremo necessariamente, finché non avremo superate le nostre debolezze), la forza di carattere acquisita sarà la misura del nostro vero successo, e questo costituirà un nuovo punto di partenza per la nostra futura forza e il nostro futuro trionfo.

Coloro che non sono preparati alla comprensione del grande proposito dovrebbero concentrare i loro pensieri sul corretto compimento del proprio dovere, anche se ai loro occhi sembrasse una cosa di poco conto. Solo così i pensieri si possono raccogliere e focalizzare, sviluppando energia e risoluzione. Realizzato questo non c'è niente che non si possa realizzare.

Un'anima debole, conscia della propria debolezza, avendo fede nel fatto che la forza si può sviluppare soltanto con sforzo e allenamento, riuscirà, con progressivo esercizio, sforzo su sforzo, pazienza su pazienza, forza su forza, a diventare divinamente vigorosa.

Come l'uomo fisicamente debole può rinvigorirsi con l'allenamento, così chi possiede pensieri deboli può rafforzarsi esercitandosi con il pensiero positivo.

Scacciare la debolezza e la mancanza di uno scopo nella vita e iniziare a pensare a un obiettivo vuol dire entrare nella schiera dei forti, di coloro che riconoscono il fallimento solo come una delle vie per raggiungere il proprio traguardo, che sanno sfruttare tutte le condizioni a proprio vantaggio, che pensano con forza, che non hanno paura di tentare, giungendo magistralmente alla realizzazione.

Scelto un obiettivo, l'uomo dovrebbe imporsi mentalmente una retta via senza distrarsi. Dubbi e timori dovrebbero essere rigorosamente esclusi; sono elementi distruttivi, che interrompono la strada diritta dello sforzo rendendola inutile, piegandola, annullando la sua efficacia. I pensieri dubbiosi e le paure non hanno mai portato a niente e non possono farlo. Conducono sempre all'insuccesso. Propositi, energia, buona volontà e tutta la forza periscono quando si sono insediati il dubbio e la paura.

La volontà scaturisce dalla conoscenza di ciò che possiamo fare. Dubbio e timore sono grandi nemici della conoscenza e chi li incoraggia, e non li combatte, è ostacolato a ogni passo.

Chi ha sconfitto il dubbio e la paura ha sconfitto il fallimento. Ogni suo pensiero è allineato con il potere e tutte le difficoltà sono coraggiosamente affrontate e saggiamente superate. I suoi propositi sono piantati in ogni stagione, ed essi fioriscono e restituiscono frutti succosi, che non cadono prematuramente sul terreno.

Il pensiero che si allinea senza paura al proposito diviene una forza creativa: chi è a conoscenza di questo è pronto per diventare qualcosa di più elevato e forte di un mero cumulo di pensieri e sensazioni fluttuanti; chi fa questo è diventato signore cosciente e intelligente dei propri poteri mentali.

5
Il pensiero nel conseguimento dello scopo

Tutto quello che raggiungiamo o non raggiungiamo è il risultato del nostro modo di pensare. In un universo giustamente ordinato, nel quale la perdita di equilibrio significherebbe distruzione, la responsabilità individuale deve essere totale.

La debolezza e la forza, la purezza e l'empietà di una persona sono soltanto sue e di nessun altro; ce le siamo create da noi stessi, non grazie ad altri; e possono essere alterate soltanto da noi stessi e mai da altri. La nostra sofferenza e la nostra felicità si evolvono dal nostro interno. Come pensiamo, così siamo; come continuiamo a pensare, così restiamo.

Un uomo forte non può aiutare un debole a meno che questo non voglia essere aiutato. Allora il debole deve diventare forte a sua volta: egli deve, con le sue forze, sviluppare la stessa forza che ammira nell'altro. Nessuno tranne lui può alterare la sua condizione.

Si usa dire: "Molti uomini sono schiavi perché c'è un oppressore; odiamo l'oppressore". Ne esistono altri tuttavia che dicono: "Ci sono oppressori perché ci sono gli schiavi; disprezziamo gli schiavi". La verità è che oppressore e schiavi collaborano l'uno con l'altro nell'ignoranza, e mentre sembra che si danneggino a vicenda, in realtà ognuno di loro non fa che danneggiare se stesso. Una perfetta Conoscenza percepisce l'azione della Legge nella debolezza dell'oppresso e nel potere male applicato dall'oppressore; un Amore perfetto vede la sofferenza delle due condizioni e non le condanna; una perfetta Compassione le abbraccia entrambe.

Colui che ha sconfitto la debolezza e ha scacciato i pensieri egoisti non è né un oppressore né un oppresso. È un uomo libero.

Un uomo può solo risorgere, conquistare e raggiungere il proprio scopo, elevando i propri pensieri. Rifiutandosi di farlo resterà debole, abbietto e miserabile.

Prima che una persona possa cercare qualsiasi cosa, compresi i beni mondani, deve elevare i suoi pensieri al di sopra della schiavitù bestiale. Non deve affatto, se desidera raggiungere lo scopo, abbandonare del tutto la sua animalità e il suo egoismo: almeno una parte di essi dev'essere però sacrificata. Un uomo il cui pensiero predominante è a livello bestiale non può pensare con chiarezza né pianificare con metodo; non può trovare né sviluppare le sue risorse latenti e fallirà sempre. Senza aver iniziato a controllare i propri pensieri, non è in grado di controllare le situazioni che si presentano e di assumere serie responsabilità. Non è preparato ad agire in modo indipendente e per conto proprio. Tuttavia è sempre e solo limitato dai pensieri che sceglie di pensare.

Non ci può essere progresso né raggiungimento dello scopo senza sacrificio, e il successo mondano di un uomo sarà la misura con cui sarà capace di sacrificare i suoi confusi pensieri animali e fissare la mente sul conseguimento dei suoi obiettivi e sul rafforzamento della fiducia in se stesso. Tanto più eleverà i propri pensieri tanto più risoluto, onesto e virtuoso egli diverrà; maggiore sarà l'esito che conquisterà, più felici e duraturi saranno i suoi risultati.

L'universo non favorisce gli avari, i disonesti e i viziosi, anche se a prima vista può apparire così; aiuta i virtuosi, i magnanimi e gli onesti. Tutti i grandi Maestri lo hanno dichiarato in diversi modi e, per provarlo e sperimentarlo, dobbiamo persistere nel diventare ogni giorno più virtuosi, elevando i nostri pensieri.

Gli obiettivi intellettuali sono il risultato del pensiero consacrato alla ricerca della conoscenza, del bello e del vero nella vita e nella natura. Talvolta questi obiettivi possono essere collegati alla vanità e all'ambizione, ma non ne sono il risultato; essi sono invece il risultato naturale di uno sforzo ampio e duraturo e di pensieri puri e liberi da ogni egoismo.

Le realizzazioni spirituali sono il compimento di sacre aspirazioni. Chi è costantemente immerso in pensieri nobili ed elevati, chi è libero dall'egoismo, puro come il sole splendente e la luna piena, diventerà una persona dal carattere saggio e nobile e s'innalzerà a una posizione d'influenza e di felicità.

Lo scopo, di qualunque tipo, è il coronamento dello sforzo, il diadema del pensiero. Con l'aiuto dell'autocontrollo, della risoluzione, della purezza, della rettitudine e di un pensiero ben indirizzato l'uomo ascende; con l'aiuto dell'animalità, dell'indolenza, dell'impurità, della corruzione e della confusione l'uomo affonda. Un uomo può raggiungere il più importante successo mondano e perfino superare le vette più elevate del regno spirituale e poi nuovamente precipitare nella miseria per colpa di pensieri arroganti, egoisti e corrotti, pronti a impossessarsi di lui. I vantaggi conquistati con il pensiero positivo si possono mantenere solo vigilando costantemente. Molti si lasciano andare quando raggiungono lo scopo prefissato e rapidamente falliscono.

Tutti gli obiettivi, che riguardino il lavoro, la sfera intellettuale o spirituale, sono il risultato di pensieri ben indirizzati, governati dalla medesima Legge; la sola differenza risiede nell'obiettivo che si persegue. Chi desidera un risultato di modeste dimensioni deve compiere piccoli sacrifici; chi desidera di più deve sacrificare di più; chi si pone un grande obiettivo deve compiere un grande sacrificio.

6
Visioni e ideali

I visionari sono i salvatori del mondo. Come il mondo visibile è sorretto da quello invisibile, così gli uomini, attraverso prove, peccati e sordide vocazioni si nutrono delle felici visioni dei loro visionari e solitari sognatori. L'umanità non può trascurare i suoi visionari, non può lasciare che i loro ideali svaniscano e muoiano. Vive in essi. Li riconosce come le realtà che un giorno vedrà e riconoscerà. Il compositore, lo scultore, il pittore, il profeta, il saggio sono i creatori del mondo che verrà, gli architetti del cielo. Il mondo è bello perché loro hanno vissuto; senza di loro l'umanità perirebbe.

Chi persegue una bella visione o un alto ideale nel suo cuore, un giorno lo realizzerà. Colombo ebbe la visione di un altro mondo e lo scoprì; Copernico ebbe la visione di una molteplicità di mondi e di un universo molto più ampio e li rivelò; Buddha ebbe la visione di un mondo spirituale di inossidabile bellezza e pace perfetta e li realizzò.

Coltiva le tue visioni. Coltiva i tuoi ideali. Coltiva la musica che si muove nel tuo cuore, la bellezza che plasma la tua mente, la leggiadria che rende i pensieri più puri, poiché da essi sorgeranno condizioni di vita deliziose, tutto l'ambiente che ti circonda sarà paradisiaco; di ogni abbondanza, se rimarrai fedele a questi princìpi, il tuo mondo finalmente sarà pieno. Desiderare significa ottenere, aspirare significa raggiungere.

I nostri desideri più bassi possono ricevere la massima misura di gratificazione e le nostre aspirazioni più pure perire per mancanza di sostentamento? Impossibile. Questa non è la Legge. Non è con tali condizioni che si otterrà il "Chiedi e ti sarà dato".

Fai grandi sogni e diventerai ciò che sogni. La tua Visione è la promessa di ciò che un giorno sarai; il tuo ideale è la profezia di ciò che alla fine rivelerai.

In un primo momento il più grande traguardo finale era un sogno. La quercia è già presente nella ghianda; l'uccellino aspetta nell'uovo. E nella visione più elevata risiede un angelo. I sogni sono i semi della realtà.

Le tue circostanze possono essere spiacevoli, ma non continueranno a esserlo per molto tempo se sei consapevole del tuo ideale e ti sforzi di raggiungerlo. Non può che crescere dentro di te e non può che manifestarsi all'esterno. Immaginiamo un giovane compresso dalla povertà, confinato a lavorare molte ore in un luogo malsano, volgare, privo di raffinatezza. Il giovane sogna qualcosa di meglio: pensa all'intelligenza, alla raffinatezza, alla grazia e alla bellezza, immagina una condizione di vita ideale, la costruisce mentalmente. La visione di una maggiore libertà e di un più grande traguardo si impossessa di lui; l'insofferenza lo spinge all'azione ed egli utilizza tutto il suo tempo libero e tutti i suoi mezzi, per quanto scarsi siano, per sviluppare i suoi poteri e le sue risorse latenti. Con la rapidità con cui ha cambiato la sua mente, il luogo in cui lavora non potrà più tenerlo incatenato. Ha smesso di seguire la sua vecchia mentalità al punto che essa scompare dalla sua vita come un abito vecchio, e con le nuove opportunità che si aggiungono ai suoi poteri in espansione egli ha potuto dare una svolta alla sua vita. Possiamo vederlo, anni più tardi, da uomo adulto. Grande padrone delle forze della sua mente, con le quali brandisce il mondo e lo influenza. Nelle sue mani stringe redini di grande responsabilità; parla e sa cambiare la vita di chi ascolta; donne e uomini grazie alle sue parole modellano i propri caratteri e, come il sole, egli diventa un centro fisso e luminoso attorno a cui ruotano innumerevoli destini. Ha realizzato la Visione della propria giovinezza. È diventato un tutt'uno con il proprio Ideale.

Anche tu, caro lettore, realizzerai la Visione del tuo cuore (non i desideri frivoli). Sia rozza o grandiosa o entrambe, essa graviterà sempre verso ciò che tu, segretamente, ami di più. Nelle tue mani ci saranno gli esatti risultati dei tuoi pensieri; riceverai quello che hai guadagnato: né più né meno. Quale che sia l'ambiente in cui ti trovi sempre fallirai o avrai successo, cadrai in basso o ti eleverai grazie ai tuoi pensieri, alla tua Visione, al tuo Ideale. Diventerai piccolo come il tuo desiderio arrogante, grande come la tua aspirazione predominante.

Come nelle belle parole di Stanton Kirkham Davis:

"Puoi uscire ora da quella porta che per troppo tempo è stata una barriera per i tuoi ideali. Troverai te stesso davanti alla gente – la penna ancora sull'orecchio, l'inchiostro sulle dita – ed ecco che lì sgorgherà il torrente della tua ispirazione. Potresti star pascolando le pecore, e vagare per la campagna trasognante; ti aggirerai nello studio del maestro sotto la guida del suo spirito fino a quando non dirà: 'Non ho più niente da insegnarti'. E ora sarai diventato tu il maestro, che poco tempo prima sognava grandi cose mentre pascolava le pecore. Puoi gettare la pialla e la sega per caricarti sulle spalle la rigenerazione del mondo."

Gli avventati, gli ignoranti e gli indolenti, poiché vedono solo gli effetti apparenti delle cose e non le cose stesse, parlano di fortuna, di destino e di caso. Quando un uomo si arricchisce esclamano: "Che uomo fortunato!". Guardando un altro diventare un grande intellettuale, dicono: "Ha avuto il destino dalla sua parte!". Notando il carattere santo e la grande influenza di un altro, commentano: "Come lo ha aiutato il caso!". Non vedono le prove, gli insuccessi, i grandi sforzi con i quali questi uomini si sono confrontati volontariamente per acquisire esperienza; non sanno dei sacrifici che hanno fatto, dell'impegno imperturbabile che hanno portato avanti, della fede dimostrata per sopportare ciò che sembrava impossibile e per realizzare la Visione del loro cuore. Le persone comuni ignorano l'oscurità e le pene; le sole cose che vedono sono la luce e la gioia, e le chiamano "fortuna". Non vedono il lungo e arduo cammino, solo il mero risultato, e lo chiamano "destino favorevole"; non vedono il processo ma solo la meta, e la chiamano "caso". In tutte le faccende umane ci sono solo sforzi e risultati, e la potenza dello sforzo è la misura del risultato. Il caso non esiste. I doni, i poteri, le acquisizioni materiali, intellettuali e spirituali sono i frutti dello sforzo; sono pensieri materializzati, obiettivi conseguiti, visioni realizzate.

La Visione che glorifica la tua mente, l'Ideale che esalta il tuo cuore: con questi princìpi costruirai la tua vita, in essi ti realizzerai.

7
Serenità

La calma della mente è una delle gioie più belle della saggezza. È il risultato di un lungo e paziente sforzo di autocontrollo. La sua presenza è indice di esperienza maturata e di una conoscenza straordinaria delle leggi del pensiero.

Un uomo raggiunge la calma quando percepisce se stesso in quanto essere evoluto nel pensiero. Per ottenere questa conoscenza deve capire che anche gli altri sono il risultato del pensiero. Non appena sviluppa una corretta comprensione e vede sempre più chiaramente le connessioni interne tra le cose cessa di agitarsi e arrabbiarsi, accantona le preoccupazioni e le sofferenze e diventa equilibrato, fermo e sereno.

L'uomo calmo, fermo e sereno, avendo imparato a governare se stesso, sa come adattarsi agli altri; e questi, a loro volta, rispettano la sua forza spirituale e sentono di poter apprendere e fare affidamento su di lui. Più tranquillo diventa un uomo maggiore sarà il suo successo, la sua capacità di influenzare gli altri, il suo potere sul bene. Anche un commerciante o un imprenditore prospereranno negli affari se conquisteranno un perfetto autocontrollo e svilupperanno la dote dell'equanimità, poiché la gente preferisce sempre fare affari con persone dalla condotta equilibrata.

L'uomo sereno e rilassato è sempre amato e riverito. È come un albero che ristora con la sua ombra la terra assetata, come un riparo roccioso nel mezzo di una tempesta. Chi non ama un cuore tranquillo, una vita dolce, equilibrata e armoniosa? Non importa se c'è la pioggia o il sereno, o se altri cambiamenti soggiungeranno a chi possiede tali benedizioni, l'uomo saldo rimane sempre calmo, sereno e tranquillo.

Questo squisito equilibrio caratteriale che chiamiamo serenità è il frutto dell'anima. La serenità è preziosa come la saggezza, più preziosa e desiderabile dell'oro. Quanto insignificante appare il denaro al confronto con una vita serena – una vita che dimora nell'oceano della Verità, nella Calma Eterna!

Quante persone conosciamo che rendono amara la propria vita, rovinano quanto di dolce e bello esiste con un carattere irascibile, che distruggono l'equilibrio del loro carattere avvelenandosi il sangue! La maggior parte delle persone rovina la propria vita e distrugge la propria felicità per assenza di autocontrollo. Quante poche persone abbiamo incontrato nella nostra vita che fossero equilibrate, dal temperamento raffinato e dal carattere perfetto!

Sì, l'umanità ribolle di passioni incontrollate, scossa da dolori senza limiti, vittima di esplosioni di ansia e dubbio. Solo il saggio, colui i cui pensieri sono controllati e purificati, sottomette i venti e le tempeste dell'anima.

Anime gettate nella tormenta, ovunque voi siate, in qualsiasi condizione viviate, ricordate che nell'oceano della vita vi sorridono isole di Benedizione, e la spiaggia luminosa del vostro Ideale attende il vostro approdo. Mantenete la mano salda sul timone del pensiero. Sulla nave della vostra anima si trova il Maestro che sa dare gli ordini. Egli c'è ma è assopito: risvegliatelo. L'Autocontrollo è la forza. Il Pensiero Leale è il dominio. La Calma è il potere. Dite al vostro cuore: "Sii tranquillo!"

La Via della Pace

1
Il potere della meditazione

La meditazione spirituale è il sentiero che conduce alla divinità. È la scala mistica che unisce il Cielo e la terra, che ti accompagna dall'errore alla verità, dal dolore alla pace. Ogni santo l'ha percorsa, ogni peccatore prima o poi deve affrontarla e ogni pellegrino stanco che volta le spalle al proprio Sé e si rivolge alla Casa del Padre, dovrà poggiare i suoi piedi su quella scala dorata. Senza il suo aiuto non puoi raggiungere lo stato divino, la somiglianza divina e la pace divina. E le gioie immacolate della Verità ti saranno per sempre nascoste.

Meditare è soffermarsi su un'idea con l'obiettivo di comprenderla a fondo e qualsiasi cosa su cui mediti non solo arriverai a comprenderla, ma crescerà sotto forma di immagine mentale, diverrà concreta nel tuo stesso essere e, di fatto, diverrà parte di te. Quindi, se ti soffermi a pensare all'egoismo, diventerai egoista, se pensi costantemente alla purezza e al disinteresse, non potrai che diventare puro e disinteressato.

Dimmi cos'è ciò che frequentemente e intensamente ti ritrovi a pensare nelle tue ore più silenziose, ciò che la tua anima con la sua naturalità si volta a guardare, e io ti dirò se il tuo viaggio conduce alla pace o al dolore, se stai crescendo o se non fai che tornare indietro. C'è un'inevitabile tendenza a diventare letteralmente ciò che si pensa. Fai in modo, allora, che l'oggetto della tua meditazione sia elevato così che il tuo stesso pensiero possa innalzarsi, senza correre il rischio di macchiarsi di egoismo, e il tuo cuore volerà alto verso la Verità e non trascinato nella disperazione dell'errore. La meditazione, nel senso spirituale con cui la intendo, è il segreto di tutta la crescita immateriale e conoscitiva. Ogni profeta è diventato tale grazie al potere della meditazione. Buddha meditava sulla Verità fino a quando ha potuto dire: "Io sono la Verità". Gesù ha meditato sull'immanenza divina finché ha potuto dichiarare: "Io e il Padre mio siamo una cosa sola".

La meditazione incentrata sulle realtà divine è l'essenza e l'anima della preghiera. È il silenzio che spinge l'anima verso l'Eterno. La semplice preghiera senza la meditazione è un corpo senza anima, è incapace di elevare la mente e il cuore al di sopra dei peccati e delle afflizioni. Se preghi ogni giorno per la saggezza, per la pace, per la purezza assoluta e per una totale realizzazione della Verità e ciò nonostante le tue parole sembrano inascoltate, vuol dire che le tue azioni non sono in sintonia con le tue preghiere. Devi tenere lontani dalla mente la caparbietà e l'egoismo che rendono impossibile l'efficacia della preghiera: se smetti di chiedere a Dio ciò che non ti meriti ma cominci a pensare e ad agire con uno spirito in armonia con la Verità, potrai sviluppare giorno dopo giorno tutti quei valori positivi che auspici, finché non diverrai una cosa sola con essi.

Chi vuole ottenere un vantaggio terreno dev'essere disposto a lavorare con forza e sarebbe solo sciocco chi, fermo con le mani in mano, aspetta che il vantaggio lo raggiunga. Non credere di poter ottenere dei benefici celesti senza fatica. Solo quando comincerai a lavorare per davvero nel Regno della Verità ti sarà concesso il Pane della Vita, e quando ti sarai guadagnato il salario spirituale che desideri, questo non ti sarà negato. Se cerchi davvero la Verità, e non il tuo compiacimento, se davvero la ami più dei piaceri terreni, più della stessa felicità, allora sarai in grado di compiere lo sforzo necessario alla sua realizzazione. Se vuoi liberarti dal dolore e dal peccato, se vorresti assaggiare il sapore di quella purezza per cui sospiri e preghi, se vuoi incontrare la saggezza e la conoscenza e vorresti entrare in possesso della pace profonda e duratura, allora vieni ed entra nel sentiero della meditazione. Lascia che l'oggetto supremo dei tuoi pensieri sia la Verità.

Per cominciare devi distinguere la meditazione dal sogno a occhi aperti. Non c'è nulla di immaginario o poco pratico in essa. Si tratta di un processo di ricerca e di pensiero senza compromessi, che non indaga altro che la verità nuda e cruda. Così la meditazione non sarà più costruire se stessi in base ai propri pregiudizi, ma, dimenticandosi di sé, ricordare che si sta cercando solo la Verità. E così rimuoverai gli errori del passato uno dopo l'altro in attesa paziente della rivelazione della Verità, che giungerà quando i tuoi errori saranno sufficientemente rimossi. Nella silenziosa umiltà del tuo cuore ti renderai conto che:

"Esiste un centro più profondo dentro noi
Dove la Verità dimora in pienezza; e attorno,
Muro dopo muro, una sudicia carnalità la circonda;
Questa percezione perfetta e pulita, che è la Verità,
È accecata da una rete carnale perversa e sconcertante
Che commette tutti gli errori; il Sapere è la sola apertura
Da cui lo splendore imprigionato possa
Fuggire, per mostrarsi alla realtà esterna".

Scegli una parte del giorno in cui meditare e mantieni quell'orario sacro per il tuo scopo. Il momento migliore è la mattina molto presto, quando vige ancora lo spirito del riposo. Tutte le condizioni naturali ti saranno favorevoli. Le passioni saranno anestetizzate dal lungo corso della notte, ogni preoccupazione del giorno passato ti sembrerà lontana e la mente, rilassata ma vigile allo stesso tempo, sarà pronta per le tue funzioni spirituali. In effetti, uno dei primi sforzi che dovrai eseguire sarà quello di scrollarti di dosso la pigrizia, così da poter essere pronto per ogni indispensabile esigenza spirituale. Per risvegliare lo spirito devi destare la mente e il fisico. Il pigro non può permettersi alcuna conoscenza della Verità. Chi possiede una buona salute fisica ma trascura le preziose ore del mattino con il sonno è completamente inadatto a scalare le vette celesti. L'uomo il cui risveglio della coscienza è diventato vivo per le sue nobili possibilità, che sta iniziando a liberarsi del buio dell'ignoranza che avvolge il suo mondo, si alza prima che le stelle abbiano cessato la loro veglia e, alle prese col buio della sua anima, si sforza di percepire la luce della Verità attraverso la sua sacra aspirazione, mentre fuori il mondo dorme ancora.

> "Le alte vette che gli uomini hanno conquistato
> Non son state raggiunte all'improvviso
> Ma, mentre i loro compagni dormivano,
> con fatica nel cuore della notte".

Nessun Santo, nessun maestro di Verità ha rinunciato ad alzarsi al mattino presto. Lo faceva Gesù, era sua abitudine, e ha scalato le montagne solitarie per intraprendere la sacra comunione. Buddha si alzava un'ora prima del sorgere del sole e meditava, così erano invitati a fare i suoi discepoli. Se inizi i tuoi doveri quotidiani molto presto e pertanto non puoi dedicare la mattina alla meditazione, prova a scegliere un'ora notturna e se questa, per via della fatica della giornata, non dovesse essere possibile, non disperare. Prova a elevare il tuo pensiero negli intervalli del tuo lavoro o a trasformare quei pochi minuti di inattività in cui non hai voglia di fare niente in preghiera. E se il tuo è uno di quei lavori che dopo un po' diventano automatici e monotoni, puoi sempre meditare mentre lo svolgi. Jacob Bohme, il filosofo e mistico cristiano, ha realizzato la sua vasta conoscenza delle cose divine durante le lunghe ore di lavoro di calzolaio. In ogni vita c'è il tempo per pensare e a nessuna, nemmeno alla più laboriosa, è preclusa la meditazione.

Meditazione spirituale e autocontrollo sono inseparabili. Quindi, dovrai cominciare a meditare su di te, così da capire chi sei, così che il tuo obiettivo sia la completa rimozione dei tuoi errori per poter realizzare la Verità. Inizierai a mettere in discussione le tue motivazioni, i pensieri e le azioni, confrontandoli con il tuo ideale e cercando di guardare a essi con occhio imparziale e calmo. In questo modo potrai accrescere l'equilibrio mentale e spirituale senza il quale ogni uomo è perduto. Se ti giungono sentimenti di odio o rabbia, medita la pace e il perdono. Quindi concentrati su pensieri di amore, gentilezza, di grande perdono e quando supererai le bassezze con la nobiltà, gradualmente e silenziosamente conquisterai nel tuo cuore la conoscenza della Legge divina dell'Amore, e la sua comprensione sovrasterà tutte le complessità della vita. E l'applicazione di questa conoscenza in tutti i tuoi pensieri, nelle tue parole e in tutte le tue azioni ti farà crescere in nobiltà, amorevolezza e immensa divinità. Pertanto ogni errore, ogni desiderio egoistico, ogni debolezza umana sarà superata grazie alla meditazione e così ogni peccato, ogni errore verrà cacciato affinché una più chiara Luce della Verità illumini l'anima pellegrina.

Meditando in questo modo ti fortificherai costantemente contro il tuo unico e reale nemico: l'egoismo. E stabilirai te stesso sempre più saldamente nel tuo Io divino, che è inseparabile dalla Verità. Il risultato diretto delle tue meditazioni sarà una forza spirituale che diverrà il luogo del tuo riposo nella battaglia della vita. Grande è il potere di superamento del pensiero e la conoscenza acquisita nelle ore di meditazione arricchirà l'anima col ricordo di salvezza al momento della lotta, del dolore o della tentazione. Così, grazie al potere della meditazione, crescerai in saggezza e rinuncerai ai tuoi desideri egoistici che sono volubili, forieri di dolore e sofferenza. E rimarrai fermo, con costanza e fiducia crescente, sui principi immutabili ottenendo il riposo celeste.

La pratica della meditazione è l'acquisizione di una conoscenza dei principi eterni, e il potere che ne deriva è la capacità di poggiare su tali principi e diventare un tutt'uno con l'Eterno. Il fine della meditazione è, quindi, la conoscenza diretta della Verità, di Dio, e la realizzazione della pace divina e profonda. Lascia che le tue meditazioni si elevino dal terreno etico che occupano attualmente. Ricorda che devi crescere verso la Verità tramite la perseveranza. Se sei un cristiano ortodosso, medita incessantemente sulla purezza immacolata e sul carattere divino di Gesù, e applica ogni suo precetto per la tua vita interiore e per un cambiamento verso l'esterno, in modo da avvicinarti sempre più verso la perfezione. Non fare come quei religiosi che rifiutandosi di meditare sulla legge della Verità si accontentano di un culto formale, abitudinario, senza rinunciare davvero al peccato e alla sofferenza. Sforzati, con la forza della meditazione, di andare al di là dell'egoismo e delle credenze parziali delle verità, al di là delle sciocche formalità e dell'esangue ignoranza. Percorrendo la salita della saggezza, con la mente fissa alla Verità splendente, devi sapere che non ci sono luoghi in cui fermarsi. Colui che medita seriamente percepisce per prima cosa una verità, diciamo, lontana. Poi si rende conto che con la pratica quotidiana, essa si avvicina sempre a più. Soltanto chi fa uso della Parola della Verità può conoscere la dottrina della Verità stessa, perché anche se da un pensiero puro essa si può percepire, ciò avviene realmente soltanto con la pratica.

Il divino Gautama, ossia Buddha, ha detto: "Chi dona se stesso per vanità, senza meditare, dimenticando il vero senso della vita con avidità di piacere, col tempo invidierà chi si adopera nella meditazione" e ha istruito i suoi discepoli nelle seguenti "Cinque grandi meditazioni":

"La prima meditazione è la meditazione dell'amore, nella quale regolerai il tuo cuore affinché possa garantire il bene di tutti gli esseri viventi, compresi i tuoi nemici.
La seconda meditazione è la meditazione della pietà, durante la quale penserai a tutti gli esseri in difficoltà, rappresentando vividamente nella tua immaginazione i loro dolori e le loro angosce, così da suscitare una profonda compassione nella tua anima.
La terza meditazione è la meditazione della gioia, nella quale penserai al benessere degli altri e gioirai con i loro festeggiamenti.
La quarta meditazione è la meditazione dell'impurità, in cui considererai le nefaste conseguenze della corruzione, del peccato e delle malattie. Quanto sia banale il piacere del momento e fatali le sue conseguenze.
La quinta meditazione è la meditazione della serenità, dove supererai l'amore e l'odio, la tirannia e l'oppressione, la ricchezza e il desiderio, e considererai il tuo

destino con calma imparziale e tranquillità".

I suoi discepoli, impegnandosi in queste regole, sono giungi alla conoscenza della Verità. Ma se ti impegni in queste meditazioni particolari oppure no poco importa, purché l'oggetto che ti poni di raggiungere sia quello della Verità. Nelle tue meditazioni, quindi, lascia che il tuo cuore cresca e si espanda con amore finché, liberato da qualsiasi tipo di odio, passione, rabbia, abbracci l'intero universo con affetto e tenerezza. Come il fiore apre i suoi petali per ricevere la luce del mattino, così tu devi aprire la tua anima alla luce gloriosa della Verità. Innalzati sulle ali dell'ispirazione, non avere paura e abbi fiducia nelle tue possibilità. Devi aver fede perché una vita di assoluta mitezza è possibile, ma è necessaria una fede in una vita di purezza inossidabile, una fede in una vita di santità, una fede nella realizzazione della più alta Verità. Chi crede in tutto ciò, scala rapidamente le colline celesti, mentre i miscredenti continuano a brancolare nel buio.

Pertanto la fede, l'aspirazione, la meditazione, la divina dolcezza e la bellezza saranno le tue esperienze spirituali; e gloriose saranno le rivelazioni che sapranno affascinare la tua visione interiore. Nel momento in cui realizzerai l'Amore divino, la Giustizia divina, la Purezza divina, la Legge Perfetta della Bontà o Dio, la tua gioia sarà grandiosa e la tua pace profonda. Le cose passate svaniranno e le tutte le altre cose diventeranno nuove e autentiche. Il velo dell'universo materiale, così fitto e impenetrabile all'occhio dell'errore, diventerà sottile e appena velato all'occhio della Verità, e verrà sollevato per poter finalmente vedere l'universo spirituale. Il tempo cesserà e vivrai soltanto nell'Eternità. Il cambiamento e la mortalità non saranno può motivo di ansia e dolore, perché verrai condotto nell'immutabile e dimorerai nel cuore dell'immortalità.

Stella di saggezza

Stella che della nascita di Vishnu,
La nascita di Krishna, di Buddha, di Gesù
Hai parlato ai saggi che guardavano al Cielo,
in attesa del tuo splendore
Nel buio della notte
Nella mezzanotte senza stelle
Araldo Splendente della venuta
Del regno dei giusti
Cantore della Storia Mistica.
Nella stalla delle passioni
Nella mangiatoria dell'anima e della mente
Cantante silente del segreto
Di profonda e santa compassione
Al cuore oppresso di dolore
All'anima stanca dall'attesa:
Stella di luce sovrastante
Tu ponte della mezzanotte
Allieti i Saggi che guardano
Nel buio confessionale,
Stanchi della battaglia infinita
Con le lame feroci dell'errore:
Stanchi degli idoli esangui, inutili,
Tra le fasulle religioni
Consunti nel guardarti lucente
Tu hai cessato la loro disperazione
Tu hai illuminato il loro percorso
Tu hai restituito antiche Verità
Per i cuori di tutti i tuoi osservatori
Per le anime di chi ti ama
Tu fai parlare di Gioia e Felicità
Della pace che viene dal Dolore.
Beati coloro che ti possono vedere
Vagabondi stanchi della Notte
Beati coloro che sentono il palpitare
Nel loro petto, il pulsare
Di un amore profondo in agitazione
Per via del tuo potente brillare.
Lasciaci imparare la tua lezione veramente
Impararla con fede e umiltà
Impararla docilmente, saggiamente, allegramente
Antica Stella di Santo Vishnu,
Luce di Krishna, di Buddha, di Gesù.

2
I due padroni: Sé e Verità

Sul campo di battaglia dell'anima umana due Signori si contendono la corona della supremazia per la regalità e il dominio del cuore, il Signore del Sé, chiamato anche "il Principe di questo mondo", e il Signore della Verità, chiamato anche Dio Padre. Il Signore del Sé è ribelle, le sue armi sono la passione, l'orgoglio, l'avarizia e altri strumenti delle tenebre. Il Signore della Verità mite e umile, le sue armi sono la dolcezza, la pazienza, la purezza, il sacrificio, l'umiltà, l'amore e altri strumenti di Luce. In ogni anima si combatte questa battaglia e come un soldato non può combattere contemporaneamente su due fronti, così il cuore può arruolarsi o col Sé o con la Verità. Non esiste una via di mezzo. "Esiste il Sé ed esiste la Verità. Dove si trova il primo il secondo è assente, dove si trova la Verità non si trova il Sé". Così ha parlato Buddha, il maestro della Verità, e Gesù, il Cristo manifesto, ha detto: "Nessuno può servire due padroni: perché, o amerà l'uno e odierà l'altro; oppure preferirà il primo e disprezzerà il secondo. Non potete servire Dio e i soldi". La verità è così semplice, così assolutamente inflessibile e intransigente che non ammette la complessità, né i grovigli, né la burocrazia. Il Sé è ingegnoso, disonesto e governato da un desiderio sottile e serpeggiante. Ammette infinite deviazioni e raggiri, e i suoi seguaci illusi credono di poter soddisfare qualsiasi desiderio terreno e, al contempo, impossessarsi della Verità. Ma gli amanti della Verità la cercano attraverso il sacrificio, evitando incessantemente i piaceri terreni e la ricerca di sé.

Vuoi conoscere e realizzare la Verità? Allora devi essere pronto al sacrificio, alla rinuncia, perché lei in tutta la sua gloria può essere percepita e conosciuta soltanto quando anche l'ultima traccia di sé è scomparsa. Il Cristo eterno ha dichiarato che colui che sarebbe divenuto Suo discepolo avrebbe dovuto "rinnegare se stesso tutti i giorni". Sei disposto a negare te stesso per cedere i tuoi desideri, i tuoi pregiudizi, le tue opinioni? Se è così, potrai immetterti nella stretta via della Verità e trovare quella pace da cui tutto il mondo è escluso. La negazione assoluta, la totale estinzione di Sé è lo stato perfetto di Verità, e tutte le religioni e le filosofie non sono che grandi aiuti per questa realizzazione suprema. Il Sé è la negazione della Verità. La Verità è la negazione del Sé. Quando lasci morire il Sé, rinasci nella Verità. Quando resti invischiato nel Sé, la Verità è nascosta ai tuoi occhi.

Mentre resti ancorato al Sé, il tuo percorso sarà irto di pericoli e difficoltà, di dolori e di delusioni: sarà questa la tua sorte. Non ci sono difficoltà nella Verità e andandole incontro, sarai libero da ogni sofferenza e delusione. La Verità non si trova fra le tenebre. È sempre rivelata ed è perfettamente trasparente, cristallina. Ma il cieco ribelle non può percepirla. La luce del giorno non è nascosta se non per chi ha gli occhi chiusi e la Luce della Verità non è nascosta se non per coloro che sono accecati dal Sé.

La Verità è la sola Realtà dell'universo, è l'Armonia interiore, la Giustizia perfetta, l'Amore infinito. Non le manca niente e non ha niente di cui liberarsi. Non dipende da un uomo ma tutti gli uomini dipendono da lei. Non è possibile percepire la sua bellezza se guardi attraverso gli occhi del Sé. Se sei vanitoso, colorerai ogni cosa della tua vanità. Se sei lussurioso, il tuo cuore e la tua mente saranno offuscati dal fumo e dalle fiamme della passione, così che ogni cosa apparirà distorta. Se sei fiero e testardo, non vedrai niente in tutto l'universo che la grandezza delle tue stesse opinioni. Esiste una sola qualità che distingue l'uomo della Verità dall'uomo del Sé: l'umiltà. Non serve essere soltanto privi di vanità, testardaggine ed egoismo per considerare le proprie opinioni come prive di valore: serve una vera umiltà. Chi è immerso in se stesso confonde le proprie idee con la Verità e considera quelle degli altri come delle sciocchezze. Ma questo umile amante della Verità ha imparato a distinguere l'opinione dalla realtà e guarda a ogni altro uomo con l'occhio della carità e non cerca di difendere a spada tratta le proprie opinioni a scapito di quelle degli altri, ma sacrifica quelle sue idee a cui è più affezionato, perché così può manifestare lo spirito della Verità, perché la Verità nella sua reale natura è ineffabile e può solo essere vissuta. Colui che dimostra maggiore carità è colui che possiede maggiore Verità.

Gli esseri umani si spendono in accese controversie e immaginano scioccamente di possedere la Verità, mentre in realtà non fanno che difendere i propri meschini interessi e le loro deperibili opinioni. Il seguace del Sé affronta il suo prossimo già armato. Il seguace della Verità si arma contro se stesso. La Verità, essendo immutabile ed eterna, è indipendente dalla tua opinione e anche dalla mia. Possiamo entrare in contatto con lei o possiamo rimanerne fuori, però la nostra difesa o il nostro attacco restano comunque superflui e non fanno che ricadere su noi stessi. Gli uomini, schiavizzati dal Sé, si esagitano, si inorgogliscono, condannano, credono che la loro particolare religione sia quella giusta e che tutte le altre siano soltanto fumo negli occhi. C'è una sola religione: la religione della Verità. Non c'è che un solo errore: l'errore del Sé. La Verità non è un credo formale, è un cuore altruista, sacro e aspirante e chi possiede la Verità nutre verso tutti pensieri d'amore.

Puoi facilmente capire se appartieni a uno o all'altro schieramento, basta che esamini in silenzio il tuo cuore, la tua mente e la tua condotta. Nutri pensieri di invidia, sospetto, inimicizia, lussuria e superbia o li combatti strenuamente? Nel primo caso, sei incatenato al Sé, non importa quale sia la tua religione. Se li combatti sei candidato per la Verità, persino se non credi esteriormente in nessuna religione. Sei appassionato, ostinato, alla ricerca dei tuoi interessi personali ed egoistici o sei pronto a rinunciare a tutto questo? Nel primo caso, il tuo padrone è il Sé, nel secondo, è la Verità. Stai cercando di arricchirti? Lotti con voracità per il tuo tornaconto? Ostenti e alimenti i tuoi meriti? Oppure hai abbandonato l'amore per la ricchezza? Hai abbandonato ogni conflitto? Sei felice di essere fra gli ultimi? Hai smesso di parlare di te e di giudicare gli altri con malcelato orgoglio? Se hai risposto affermativamente alle prime domande, benché tu dica di adorare Dio, non adori altro che te stesso. Se hai risposto di sì alle ultime, dimorerai con l'Altissimo. I segni con cui si riconoscono gli adoratori della Verità sono inconfondibili. Ascolta il santo Krishna descritto dal poeta Edwin Arnold in *Bhagavad Gita*:

> "L'assenza di paura e l'unicità dell'anima, la volontà
> Di lottare sempre per la sapienza; braccia aperte
> Appetiti controllati; e pietà
> E amore per gli studi solitari; umiltà,
> Rettitudine, protezione della verità,
> distanza dall'ira, una mente
> sorda alle ricchezze; l'equanimità, la carità che non spia
> le colpe degli uomini; la tenerezza verso chi soffre, un cuore
> contento che vola lontano dal desiderio, mite e modesto
> dalle nobili maniere, paziente, puro e forte;
> uno spirito pacioso, umile
> oh principe indiano! I cui piedi sono saldi su quel sentiero
> perfetto che conduce alla nascita del cielo!"

Quando gli uomini, perduti nelle loro strade di subdoli errori, hanno dimenticato la "nascita del cielo", lo stato di santità e di verità, hanno creato standard artificiali con cui giudicarsi l'un l'altro, e fare delle proprie idee una religione in cui credere, in tal modo gli uomini si sono divisi e combattuti a vicenda. Per questo ovunque è pieno di rancore, inimicizia, conflitti, sofferenza e dolore senza fine.

Lettore, tu cerchi di realizzare la nascita attraverso la Verità? C'è un modo soltanto: lascia morire il tuo Sé. Tutti quei desideri, appetiti, opinioni, pregiudizi a cui finora ti sei legato, lasciali andare. Lascia ciò che ti rende schiavo e la Verità sarà tua. Smetti di credere la tua religione superiore a tutte le altre e sforzati di imparare umilmente la lezione suprema della carità. Smetti di nasconderti dietro l'idea, così fautrice di dolore e malessere, che il Salvatore che tu adori è il solo e unico Salvatore e che quello che adora il tuo stesso fratello con il tuo identico affetto sia invece un impostore. Cerca diligentemente la via della santità e capirai che ogni uomo è un santo salvatore del genere umano. La rinuncia di sé non è soltanto ripudio delle cose esteriori. Consiste nella rinuncia al peccato interiore. Non rinunciamo invano ai bei vestiti, alle ricchezze, ad alcuni alimenti, alle parolacce: non è così che si giunge alla Verità. Ma cacciando la vanità, alla sete di ricchezza, all'odio, alla condanna, alla ricerca di sé e diventando finalmente puri di cuore. Così si raggiunge la Verità. Si può rinunciare al mondo esterno e isolarsi in una grotta o nelle profondità della foresta eppure portare con noi il proprio egoismo. Per questo è importante rinunciarvi, altrimenti la propria rinuncia materiale sarà grande esattamente quanto l'illusione di essere cambiati. Puoi rimanere dove sei ed eseguire tutti i tuoi doveri e tuttavia rinunciare al mondo, al nemico interiore. Perché stare nel mondo e tuttavia non esserci è la più grande perfezione, la pace più beata, è il raggiungimento della più grande vittoria. La rinuncia di Sé per la via della Verità, quindi:

> "Entra nel Sentiero, non esiste dolore né odio
> Né sofferenza né passione, né inganno o sentimento;
> Entra nel Sentiero, lontano va il piede
> Che intralci non trova".

Non appena riesci a superare il Sé, inizi a vedere le cose per come sono. Chi è influenzato da qualsiasi passionalità, dal pregiudizio, regola ogni valutazione in base a queste variabili e non vede che delusioni. Chi è assolutamente libero dalle passioni, dal pregiudizio e dalle preferenze, vede le cose per come sono e vede se stesso per com'è realmente. Ogni cosa riacquista la giusta proporzione. Non avendo nulla da attaccare, niente da difendere, niente da nascondere, è finalmente in pace. Ha compreso la profonda semplicità della Verità, perciò è tranquillo, imparziale, in uno stato mentale di beatitudine che è lo stato della Verità. Raggiunge la dimora degli angeli e siede ai piedi del Supremo. Essendo a conoscenza della Grande Legge, conosce le origini del dolore, il segreto della sofferenza, la via per l'emancipazione nella Verità, come può impiegarsi in lotte o in condanne? Egli sa che quando le epoche sofferenti avranno accumulato montagne di dolore, l'anima oppressa del mondo volerà al suo ultimo rifugio e non appena i tempi saranno propizi, ogni prodigo tornerà all'ovile della Verità. E così egli nutre affetto verso tutti e li guarda con quella tenera compassione che ha il padre verso i figli ribelli. Gli uomini non possono comprendere la Verità perché si aggrappano a questo Sé, ci credono come se fosse la sola realtà esistente, mentre non è altro che un'illusione. Quando smetterai di credere nel Sé e lo abbandonerai a favore della Verità, ecco che riconoscerai la vera Realtà eterna. Quando gli uomini sono intossicati di vini lussuriosi, di piaceri e vanità, la sete di vita cresce in loro e si illudono con sogni di immortalità carnale. Ma quando si accingono a raccogliere i frutti del loro raccolto, si trovano per le mani soltanto dolore e tristezza. Così, umiliati e demoliti, rinunciano a Sé e a tutte le sue intossicazioni. E giungono col cuore dolente alla sola immortalità, quella che distrugge tutte le delusioni: l'immortalità spirituale della Verità. Gli uomini passano dal male al bene, dal Sé alla Verità, attraverso la porta oscura del dolore. Perché dolore e Sé sono inseparabili. Soltanto nella pace e nella beatitudine della Verità il dolore può essere superato. Se sei deluso perché i tuoi piani non sono andati a buon fine o perché qualcuno ha tradito le tue attese, la causa di tutto ciò è che sei ancora legato al tuo Sé. Se soffri di sensi di colpa, è perché ti sei affidato al Sé. Se sei sopraffatto dal dispiacere per come qualcuno ti ha trattato è perché hai coltivato il tuo Sé. Se sei ferito per quello che ti è stato fatto o detto, è perché cammini sul percorso doloroso del Sé. Tutta la sofferenza proviene dal Sé. Tutta la sofferenza termina nella Verità. Dopo essere entrato nella Verità, non avrai più rimorso, né delusione, né dolore e né rimpianto.

> "Il Sé è la sola prigione capace di trattenere l'anima
> La Verità è il solo angelo che può spalancare le porte
> E quando ti viene a chiamare, alzati e vai
> La sua strada può essere oscura, ma infine ti porta alla luce".

Il dolore del mondo dipende dalla propria condotta. Il dolore purifica e approfondisce l'anima, il dolore estremo è il preludio della Verità.

Hai sofferto molto? Un dolore profondo? Hai riflettuto seriamente sul senso della vita? Se la risposta è sì, allora potrai iniziare la guerra contro il Sé e diventare un discepolo della Verità. L'intellettuale che non vede la necessità di rinunciare al Sé, si perde dietro teorie e formule sull'infinità dell'universo e le chiama Verità, ma tu segui una condotta di giustizia e realizzerai che la Verità non ammette teorie ed è eterna, perciò non cambia mai. Coltiva il tuo cuore. Irrigalo costantemente di amore disinteressato e altruista, sforzati di lasciar fuori i pensieri e i sentimenti che non siano in conformità con l'Amore. Trasforma il male in bene, l'odio in amore, la violenza in tenerezza, e resta in silenzio se vieni attaccato. Quindi trasforma tutti i tuoi desideri egoistici nell'oro puro dell'Amore e il Sé scomparirà nella Verità. Allora camminerai irreprensibile fra gli uomini, trascinando il giogo dell'umiltà e vestendo i panni divini della semplicità.

> Vieni, fratello stanco! La tua fatica e il tuo sforzo
> Terminano nel cuore del Maestro della compassione.
> Perché ti inoltri attraverso il deserto del Sé,
> Assetato per le acque vivificate della Verità
> Quando qui, lungo la via della tua ricerca,
> Scorre il torrente della Vita, si trova l'oasi verde d'Amore?

Vieni, voltati e riposa; conosci la fine e l'inizio,
L'oggetto cercato e il suo cercatore, chi guarda e chi è guardato.
Il tuo padrone non si trova su un'impervia montagna,
Né abita il miraggio che fluttua nell'aria,
Né scoverai magiche fontane in percorsi
sabbiosi circondati di disperazione.
Nella buia e deserta individualità cessano
Le ricerche, le orme del tuo Re:
e se odi il dolce suono della sua lingua
Diverrai sordo a tutti i suoi vacui
Abbandona i luoghi insulsi, rinuncia a tutto
Ai tuoi beni più amati, e nudo
Conduci te stesso al santuario Interiore
L'Altissimo, il Santissimo e l'Immutabile
Troverai. All'interno, nel cuore del Silenzio
Egli abita. Lascia ogni dolore, i tuoi viaggi
Vieni a tuffarti nella sua gioia, mentre dice
Sussurrando alla tua anima, ciò che hai cercato.
Cessa, fratello stanco, ogni tuo sforzo.
Trova la pace nel cuore del Maestro della compassione
Allontana la stanca e tenebrosa guida del Sé.
Vieni, bevi alle splendide acque della Verità.

3
L'acquisizione del potere personale

Il mondo è pieno di uomini e donne che cercano il piacere, l'eccitazione, la novità, che vogliono essere commossi da una lacrima o allietati da una risata. Non cercano la forza, la stabilità, la potenza ma corteggiano la debolezza e continuano a sprecare così tutte le loro forze. Sono pochi gli uomini e le donne che hanno un potere reale, perché quasi nessuno è disposto a fare i sacrifici necessari per acquisire tale potere, cosa che richiede pazienza e carattere. Lasciarti influenzare dai pensieri e dagli impulsi è indice di debolezza e impotenza. Per controllare correttamente queste forze è bene invece essere forti e potenti. Gli uomini con forti passioni animalesche sono molto simili alle bestie: non è questo il vero potere. Gli elementi del potere ci sono, ma è solo quando questa ferocia è domata dall'intelligenza superiore che si manifesta la vera forza. E gli uomini potranno accrescere le proprie forze nel risveglio nei più alti stadi di intelligenza e coscienza. La differenza tra un uomo risvegliato e un uomo impotente non sta nella volontà personale (che nello sciocco si traduce in testardaggine) ma in quel centro di coscienza che rappresenta gli stadi di conoscenza. Chi cerca il piacere, l'eccitazione ed è vittima degli impulsi non ha alcuna conoscenza dei principi che equilibrano e stabilizzano l'essere umano. Un uomo comincia a sviluppare la sua potenza quando, controllando i suoi impulsi e la sua inclinazione egoistica, si rivolge alla coscienza più alta e calma dentro di sé, e in questo modo ritrova l'equilibrio. La realizzazione dei principi immutabili nella coscienza è al tempo stesso fonte e segreto della massima potenza. Quando, dopo molte ricerche e sacrifici, la luce di un principio eterno albeggia sull'anima, una calma divina allieta il suo cuore.

Colui che ha realizzato questo principio divino smette di vagare e trova il proprio equilibrio. Cessa di essere schiavo delle passioni e diviene costruttore nel Tempo del Destino.

Chi è governato dal Sé e non da un principio, si sente perduto non appena il suo egoismo viene minacciato. È profondamente intento a difendere i propri interessi che considera lecito qualsiasi sotterfugio per custodirli. Non fa che tramare nuove strategie per difendersi dai nemici ma è troppo egocentrico per capire che il suo nemico è proprio lui. Il lavoro di quest'uomo è destinato a non durare, perché è troppo lontano dalla Verità e dal potere. Ogni sforzo basato su di sé perisce. L'unico lavoro duraturo è quello che si basa su un principio indistruttibile.

L'uomo che si basa su un principio è sempre lo stesso uomo calmo, sereno e intrepido in qualsiasi circostanza. Quando giunge l'ora della prova, deve scegliere di stare con la Verità o con le comodità materiali. E senza alcun dubbio si libera dei secondi. Non rinuncerebbe alla Verità neppure sotto minaccia di tortura e di morte. L'uomo del Sé considera la perdita dei suoi beni come la peggiore calamità che possa capitargli. L'uomo di principio la considera una cosa relativamente insignificante perché non comporta alcuna vera perdita. Ai suoi occhi la vera tragedia sarebbe perdere la Verità. È in un momento di simile crisi che si scopre se appartieni a uno o all'altro schieramento, se sei un servo delle Tenebre o un figlio della Luce. La nostra è un'epoca minacciata dalla crisi, dalla rovina, dal disastro e dalla persecuzione, dove lo sguardo rivelerà ai secoli futuri gli uomini e le donne di potere.

Finché l'uomo resta immobile a godere dei suoi beni è facile sostenere di aderire a principi come pace, fratellanza, Amore universale... ma se, di colpo, i suoi beni venissero minacciati, si alzerebbe pronto a dichiarare guerra a chiunque, mostrando di essere favorevole soltanto alla lotta, all'egoismo e all'odio. Chi non abbandona i suoi principi anche se minacciato di perdere ogni bene terreno, è il vero uomo di potere, l'uomo che suda il suo lavoro, che onora l'Aldilà, colui che ripone tutta la sua fiducia e la sua adorazione all'Amore divino. Non rinuncia ad adorarlo e in lui è riposta tutta la fiducia perché anche Gesù ha patito grandi agonie e privazioni e oggi il mondo intero si prostra ai suoi piedi sanguinanti.

Non esiste alcun modo di acquisire il potere spirituale se non l'illuminazione interiore e la realizzazione dei principi spirituali, i quali si raggiungono con una pratica costante. Prendi, per esempio, il principio dell'Amore divino. Devi meditarci su in modo diligente e con l'obbiettivo di raggiungere una piena conoscenza su di esso. Cerca di illuminare con la sua luce ogni tua abitudine, ogni tuo gesto, ogni tua parola e contatto con gli altri, ma pure ogni tuo segreto e desiderio. Se perseveri in questo modo, l'Amore divino si rivelerà sempre più dentro di te e le tue mancanze risalteranno sempre di più in un vivido contrasto che ti spingerà al rinnovamento. Poi, una volta intravista la maestà incomparabile del principio immortale, non ti adagerai più nella pigrizia, nell'egoismo, nei tuoi difetti ma perseguirai l'Amore ed entrerai in armonia con esso. Questo stato di armonia interiore è il potere spirituale. Cerca altri poteri come la Purezza o la Compassione, e applicali allo stesso modo, pretendendo di raggiungere finalmente la Verità. Dovrai essere in grado di rifiutare qualsiasi tipo di riposo fino a che i tuoi abiti non diventino bianchi di specchiata purezza e il tuo cuore incapace di odiare e condannare. Solo quando comprendi questi principi potrai acquisire il potere spirituale e questo si manifesterà attraverso te sotto forma di una crescente calma, pazienza e distacco. Il distacco dalle passioni acuisce l'autocontrollo, la pazienza è il simbolo della conoscenza divina e mantenere una calma costante delimita i poteri degli uomini. "È facile vivere nel mondo secondo l'opinione del mondo; è facile, in solitudine, vivere secondo noi stessi; ma l'uomo grande è colui che in mezzo alla folla conserva con perfetta serenità l'indipendenza della solitudine".

Alcuni mistici sostengono che la perfezione del distacco sia la fonte di quel potere grazie al quale si eseguono i (cosiddetti) miracoli e chi, veramente, gode del controllo di tutte le sue forze interiori è immune a qualsiasi instabilità e sa dirigere tali forze col piglio del maestro.

Per aumentare l'autocontrollo, la pazienza, la calma bisogna accrescere il potere e la forza. E ciò può avvenire soltanto concentrandosi su un principio. Come fa il bambino che, dopo vari tentativi, riesce a camminare da solo, così chi sceglie di intraprendere il percorso verso il potere deve tentare di camminare con le proprie gambe, tenendo conto che se cade potrà rialzarsi e riprovarci. Liberati dalla tirannia della tradizione, dei costumi, delle convenzioni e delle opinioni altrui, solo così potrai camminare da solo, a testa alta. Affidati al tuo giudizio, sii fedele alla tua coscienza, segui la Luce che sta dentro di te. Le luci interiori sono molto più numerose dei fuochi fatui. Qualcuno dirà che sono sciocchezze, che le tue idee sono assurde, che la luce si trova nelle tenebre: tu non ascoltare. Se vuoi diventare libero ascolta la tua coscienza, se vuoi diventare schiavo degli altri, ascolta la loro. Potrai cadere, lungo strada, o incontrare degli ostacoli. Ma se vai avanti con fede, guardando alla vittoria come a una cosa certa, non sbaglierai. La tua meta è una roccia ben salda, un principio a cui aggrapparti e quando l'avrai scalato potrai ergerti tranquillo, sentendo sotto i piedi la fermezza della rassicurazione. E nessun vento o tempesta d'egoismo potrà piegarti la schiena.

Perché l'egoismo si manifesta in svariati modi, attraverso la debolezza, la dissipazione e la morte. L'altruismo invece attraverso il potere, la conservazione e la vita. Quando crescerai spiritualmente e affermerai i principi, diventerai immutabile e puro come i principi stessi. Potrai gustare la dolcezza della loro essenza immortale, rendendoti conto della natura eterna e indistruttibile del Dio interiore.

L'albero maestro non può ferire il giusto,
Eretto al centro delle tempeste d'odio
Mentre sfida dolore e pregiudizi
Circondato dagli schiavi tremanti del Fato.
Maestoso, nel suo silenzio assordante,
Le sirene non lo vincono, né lo eccitano.
Paziente e fermo, nell'ora buia e sofferente
Cinto dal tempo, la morte egli rifiuta.
L'ira divina scaglia i suoi fulmini
E dal profondo inferno rombano i tuoni
Non li ascolta e li rende innocui
Laddove tempo e spazio fuggono via.
Protetto dall'Amore, che può temere?
Armato dalla Verità, che gli importa
Della perdita o dei guadagni? Conosce l'eternità,
Fermo e ritto, mentre le ombre danzano.
Chiamalo immortale, chiamalo Verità e Luce
Splendore della profetica maestà
Colui che solitario tra le forze della notte
Veste la gloria della divinità.

4
La realizzazione dell'amore disinteressato

Si dice che Michelangelo vedesse in ogni blocco di marmo l'opera finita ben prima che la mano potesse scolpirla. Anche in ognuno di noi riposa l'immagine divina in attesa della mano della fede e dello scalpello della pazienza che la possano manifestare. E quell'immagine divina si rivela e si realizza sotto forma di amore disinteressato.

Nascosto nel profondo del cuore umano si trova lo spirito del Divino Amore, la cui essenza sacra e immacolate è immortale ed eterna. È la Verità interna all'uomo, che appartiene al Supremo: essa è reale e immortale. Tutto il resto passa e muta, questa solo è permanente e imperitura. Per realizzare questo Amore è necessario prenderne piena coscienza, qui e ora, diventando tutt'uno con la Verità, con Dio, tutt'uno con il cuore centrale di ogni cosa e conoscere la nostra natura divina ed eterna. Per raggiungere questo Amore, per comprenderlo, bisogna lavorare tenacemente sul cuore e sulla mente. È necessario rinnovare la pazienza e mantenere salda la fede, perché ci sarà molto da rimuovere, molto da ricostruire prima che l'immagine divina si riveli in tutta le sua gloriosa bellezza. Colui che si sforza di raggiungere e realizzare il divino sarà giudicato dall'Altissimo, e questo è assolutamente necessario, poiché in quale altro modo potrebbe acquisire la sublime pazienza senza la quale non c'è saggezza, se non con la divinità? Di tanto in tanto, mentre procede, tutto il suo lavoro potrà sembrargli vano e aver la tentazione di gettare alle ortiche tutto il lavoro svolto. Di tanto in tanto un passo falso danneggerà la sua immagine e forse dovrà ricominciare daccapo il suo lavoro. Ma chi aspira a realizzarsi in armonia con l'Altissimo sa accettare la sconfitta. Tutti gli errori sono apparenti: non sono reali. Ogni caduta, ogni errore, ogni ritorno all'egoismo è una lezione appresa, un'esperienza acquisita, da cui estrarre un grano dorato di saggezza. Per riconoscere che:

> "Su questo vizio possiamo montare
> una scala e, sotto i nostri piedi, vedere
> questa vergogna da lontano"

per entrare nel sentiero che ci porta senza indugio verso il Divino. È come un fiume da cui emergono tante pietre in fila, a formare un percorso: nell'acqua galleggiano le rinunce e quelle pietre emerse sono la salvezza che conduce alla meta. Una volta considerate le tue colpe, i tuoi dolori e le tue sofferenze, come fossero delle voci che dichiarano chiaramente dove si trova la tua debolezza, inizierai a guardare intensamente dentro di te, ai tuoi errori; ogni fitta di dolore ti mostrerà cosa è meglio rimuovere dal tuo cuore per purificarlo, per farlo rassomigliare al Divino, prossimo all'Amore Perfetto. E mentre procedi, giorno dopo giorno, staccandoti sempre più dal tuo egoismo verso l'Amore interiore che è disinteressato, questo ti verrà gradualmente rivelato. Quando aumenti la pazienza e la calma, quando le tue emozioni negative si allontanano da te e le passioni più potenti e i pregiudizi cessano di dominarti, allora saprai che il Divino ti sta risvegliando, che il Cuore eterno è sempre più vicino, che non sei lontano dall'Amore disinteressato, il cui possesso dona pace e immortalità.

L'Amore divino si distingue da quello umano per la sua imparzialità. Quello umano ama coinvolgere un particolare oggetto ed escludere tutto il resto, anche quando l'oggetto non c'è più, e chi ama prova una grande sofferenza. L'Amore divino abbraccia tutto l'universo e, senza concentrarsi su qualcosa in particolare, contiene in sé il tutto. Colui che viene a esso purifica gradualmente il suo amore umano finché l'egoismo e gli elementi impuri vengono distrutti, ed ecco che smette di soffrire. Gli amori umani sono circoscritti, per questo si mescolano con l'egoismo che genera poi sofferenza. Nessun dolore può derivare dal fatto che l'Amore è così totalmente puro da non cercare altro che se stesso. Tuttavia, l'amore umano è assolutamente necessario per camminare verso il Divino e nessuna anima è pronta a partecipare all'Amore divino finché non è capace di amare oltre l'umano sentimento. È solo passando attraverso l'amore umano e le sue sofferenze che si raggiunge e realizza l'Amore Divino.

Tutto l'amore terreno è deperibile come le forme a cui fa riferimento. Ma esiste un amore incorruttibile che non si ferma alle apparenze.

Tutto l'amore terreno è controbilanciato dall'odio. Ma esiste un amore che non conosce opposizioni, divino e libero da ogni lordura del Sé.

L'amore terreno è solo un riflesso di quello divino e spinge l'anima alla realtà, verso l'Amore che non conosce pena né mutamento. È un bene che la madre, attaccata con tenera passione alla creaturina indifesa che tiene sul petto, debba essere sopraffatta dalle oscure acque del dolore quando la depone sotto la terra gelida. È un bene che le sue lacrime fluiscano e provi mal di cuore, perché solo così può ricordare la natura evanescente delle gioie e avvicinarsi alla Realtà eterna e imperitura.

È un bene che l'amante, il fratello, la sorella, il marito, la moglie debbano soffrire di profonda angoscia, ed essere avvolti dal buio, quando l'oggetto visibile dei loro affetti gli viene strappato, così che inizino a orientare il loro affetto verso la Sorgente invisibile di ogni cosa, laddove solo la costante soddisfazione si può trovare.

È bene che i superbi, gli ambiziosi, coloro che ricercano se stessi, debbano subire una sconfitta, l'umiliazione, la sfortuna, che debbano passare attraverso fuochi ardenti di afflizione, perché solo così l'anima ribelle può essere portata a riflettere sull'enigma della vita. Solo così il cuore si ammorbidisce, si purifica e si prepara a ricevere la Verità. Quando la freccia dell'angoscia colpisce il cuore umano, quando la tristezza e la solitudine oscurano l'anima è allora che il cuore cerca riparo nell'amore e nell'Eterno, è allora che trova conforto nella sua pace silenziosa. E chiunque viene a questo Amore non è punito con l'asprezza, né trafitto dall'angoscia o circondato dalle tenebre. Nell'ora della prova non è lasciato solo. La gloria del Divino Amore può essere rivelata soltanto al cuore castigato dal dolore e l'immagine dello stadio celeste può essere percepito e realizzato soltanto quando vendono tagliati via i resti informi e senza vita del Sé.

Solo quell'Amore che non cerca la gratificazione personale o le ricompense, che non fa distinzioni, e che lascia alle spalle le angosce può essere chiamato divino. Gli uomini, legati a se stessi e alle ombre lascive del male, hanno l'abitudine di pensare all'Amore divino come se appartenesse a un Dio troppo lontano, esterno a loro stessi e che tale deve restare. In verità l'Amore di Dio è al di là di noi ma quando il cuore e la mente si svuotano e diventano disinteressati, l'Amore supremo – che è l'Amore di Dio – diventa una realtà interiore e costante. E questa realizzazione interiore del Santo Amore non è altro che l'Amore di Cristo, di cui tanto si parla ma ben poco si comprende. L'Amore che non solo salva l'anima dai peccati del mondo, ma eleva al di sopra di ogni tentazione. Come ottenere questa sublime realizzazione? La risposta che la Verità ha sempre dato è: "Svuota te stesso e io ti ricolmerò". L'Amore divino non può essere vissuto fino a che il Sé è vivo, perché il Sé è la negazione dell'amore. E come può una cosa esistente essere negata? È impossibile finché non si sposta la pietra che blocca l'accesso al sepolcro dell'anima immortale di Cristo, il puro Spirito dell'Amore, fino ad allora crocifisso, morto e sepolto. Solo in quell'istante Egli potrà uscire con tutta la maestria della Sua risurrezione. Tu credi che Cristo di

Nazareth sia stato ucciso e sia poi risorto. Non dico che sbagli a crederci, ma se rifiuti di credere che quello spirito gentile dell'Amore viene crocifisso ogni giorno sulla croce del tuo egoismo, allora io dico, sbagli a mostrarti così miscredente, perché vuol dire che non hai capito – neppure da lontano – cosa sia l'Amore di Cristo.

Tu dici di avere assaporato la salvezza nell'Amore di Cristo. Sei stato salvato dal tuo temperamento, dal tuo umore, dalla tua vanità, dalle tue antipatie personali, dal giudizio e dalla condanna verso il prossimo? Se la risposta è no, da cosa sei stato salvato e in che cosa hai realizzato l'Amore trasformante di Cristo?

Colui che ha realizzato l'Amore divino è diventato un nuovo uomo e ha cessato di farsi influenzare dai vecchi capricci del Sé. L'Amore divino o altruista non è un semplice sentimento ma uno stato di conoscenza che distrugge il dominio del male e solleva l'anima nella realizzazione del Bene supremo. Per il divinamente saggio, la conoscenza e l'amore sono due cose inseparabili.

È verso la completa realizzazione di questo Divino Amore che si muove il mondo intero. A tal fine l'universo ha iniziato a esistere e ogni attaccamento alla felicità, ogni ricerca del proprio ideale non è altro che lo sforzo per realizzare questo Amore. Eppure il mondo non se ne rende conto perché è impegnato a inseguire la sostanza fugace, tenebrosa e accecante. Così facendo prolunga la sofferenza e il dolore ma è bene che continui finché non impara che l'Amore è altruismo, saggezza e pace totale. E questo Amore, questa Saggezza, questa Pace, questo stato d'animo tranquillo e sereno può essere raggiunto da chiunque sia disposto a rinunciare al proprio Sé e a tutto ciò che questo comporta.

Non esiste potere arbitrario nell'universo e le catene più dure da distruggere sono quelle che gli uomini si sono autoimposti. L'uomo è incatenato a ciò che lo fa soffrire ma solo perché lo desidera, perché ama le proprie catene, perché pensa che la sua piccola prigione buia sia accogliente e comoda, perché ha paura di abbandonare la sua cella e perdere tutto ciò che è reale e di valore.

"Soffrite da voi e nessun altro vi costringe.
Nessun altro decide se farvi vivere o morire".

E il potere interiore che ha plasmato le catene e innalzato quella cella stretta e tenebrosa può liberarti quando vuoi ma solo se la tua anima sarà d'accordo: quando avrà scoperto l'inutilità di quella prigione, dopo atroci sofferenze, si sarà preparata a ricevere la Luce e l'Amore senza confini.

Come l'ombra segue la forma, come il fumo segue la fiamma, così l'effetto segue la causa e la gioia o la sofferenza seguono le azioni degli uomini. Il mondo esterno non ha effetti ma ha le sue cause, in accordo con la giustizia assoluta. Gli uomini raccolgono sofferenza perché in passato hanno seminato negatività, in caso contrario raccolgono soltanto beatitudine. Se un uomo medita su questo e lo comprende a fondo, inizierà a seminare soltanto il bene e brucerà le erbacce dell'odio che ha precedentemente coltivate nel giardino del suo cuore. Il mondo non capisce che l'Amore è disinteressato, perché assorto nell'inseguimento dei propri piaceri terreni. È costretto entro i limiti deperibili della sua ignoranza e pensa soltanto alle cose tangibili. Perduto fra le fiamme dei desideri carnali e la brace dell'angoscia, non riesce a vedere la bellezza pura e pacifica della Verità. È dissennato dall'errore e dalle illusioni, chiuso fuori dalla dimora del Vero Amore che tutto vede. Non avendo questo Amore, perché è per lui incomprensibile, l'essere umano ignora i sacrifici interiori e non si accorge di propagare il male a scapito del proprio cure. Il mondo deve rinunciare al proprio egoismo e imparare la lezione dell'Amore divino, realizzando l'età dell'oro della beatitudine universale.

Lascia che il ricco smetta di disprezzare il povero e il povero di condannare il ricco, lascia che gli avidi inizino a donare e il lussurioso a diventare puro, lascia che il caritatevole cominci a perdonare, che l'invidioso inizi a gioire con tutti, lascia che il calunniatore si vergogni di quel che ha detto. Che tutti gli uomini e le donne inizino a fare questo ed eccola l'età dell'oro! Di conseguenza, chi purifica il suo cuore è il più grande benefattore del mondo.

Eppure, anche se il mondo è e sarà per molto tempo ancora assai lontano dall'età dell'oro, se sei disposto a realizzare l'amore altruista e a disprezzare l'egoismo, l'odio e l'astio puoi andare incontro all'Amore tenero e tollerante. Ma se l'odio, l'antipatia e la condanna sono ancora presenti, l'Amore disinteressato non può attecchire. Può mettere radici solo nel cuore che cessa qualsiasi malvagità.

Dirai: "Come posso amare l'alcolista, l'ipocrita, il ladro, l'assassino? Sono costretto a detestare e condannare questi individui". Puoi non riuscire ad amarli emotivamente, ma quando dici di essere costretto a detestarli e condannarli dimostri di non conoscere il Grande Amore interiore, che ti permette di conoscere la sofferenza che li ha resi tali. Se possiedi simili conoscenze ti sarà del tutto impossibile condannarli o provare antipatia per loro, potresti guardarli semmai con grande compassione.

Se ami la qualcuno e, per un suo errore, inizi a disprezzarlo, il tuo cuore non conosce Amore di Dio. Chi sa che l'Amore è il centro di ogni cosa e ha capito che quell'Amore è sufficiente per tutto, non ha posto nel proprio cuore per la malvagità. Gli uomini non lo conoscono e si arrogano il diritto di giudicare i loro fratelli, dimenticando chi è il solo Giudice Eterno. E quando gli uomini si discostano dalle proprie opinioni fanatiche, non equilibrate, prive di giudizio e prive di onestà, questi sono gli uomini che meritano ammirazione. Colui che ha il suo cuore orientato verso l'Amore supremo non classifica gli uomini per giudicarli, non cerca di convincerli della propria opinione né della propria superiorità. Conoscendo la Legge dell'Amore, egli la vive intensamente e mantiene un atteggiamento di serenità e calma mentale il prossimo. Gli sciocchi e i saggi, i sapienti e gli ignoranti, gli egoisti e gli altruisti, i miserevoli e i virtuosi, ricevono la benedizione del suo pensiero di pace.

Tu puoi raggiungere questa suprema conoscenza, questo Amore divino con un incessante sforzo di autocontrollo, vincendo la battaglia con te stesso. Solo i puri di cuore vedono Dio e quando il tuo cuore sarà sufficientemente purificato vivrai una nuova rinascita, quell'Amore immortale e immutabile e vivrai in pace.

Colui che si sforza di raggiungere questo amore tenta di superare la malvagità, perché solo il cuore incapace di odiare vive l'Amore perfetto e pienamente realizzato.

Il cristiano condanna l'ateo, l'ateo deride il cristiano, il cattolico e il protestante sono perennemente impegnati in una guerra secolare e lo spirito caritatevole è nascosto dal sempiterno sentimento di odio e rivalsa. "Colui che odia suo fratello è un assassino", un omicida dello Spirito divino di amore. E finché non consideri gli uomini di tutte le religioni con imparzialità, senza antipatia ma con equanimità, dovrai ancora lottare per quell'Amore che dona libertà e salvezza.

La realizzazione della conoscenza divina, l'amore disinteressato e il totale dispregio verso la condanna altrui disperde ogni male e solleva la coscienza a un livello di amore, bontà e giustizia universale. Allena la mente a pensare con imparzialità e gentilezza, addestra il tuo cuore alla purezza e alla compassione. Esercita la tua lingua al silenzio e alla verità: così potrai entrare nella strada della santità e della pace, solo così potrai infine realizzare l'Amore immortale. Quindi vivi, insegna, ignora le ambizioni, riscopri la saggezza, non sottomettere il prossimo al tuo pensiero, affidati alle parole d'amore che sono immortali.

Devi sapere che l'Amore è universale, supremo, indispensabile, che ti libera dalle pastoie del male, che ti aiuta a uscire dai tuoi disordini interiori. Ricorda che tutti gli uomini si sforzano di realizzare la Verità, ognuno a suo modo, per essere soddisfatto, in pace, in letizia. Questa è pace, questa è letizia, questa è la Divinità, questa è la realizzazione dell'Amore disinteressato.

Mi son fermato alla riva per guardare le rocce
Resistenti l'assalto del mare possente
E mentre pensavo a quegli scogli
Superstiti di un'eternità
Ho detto: "Le onde non sanno
Smuovere la roccia".
Ma mentre pensavo alla loro potenza
Ho guardato la sabbia e la ghiaia ai miei piedi
(Sopravvissuti di tanti trascorsi)
Smossa dalle onde sul bagnasciuga
Ho visto poi monumenti antichi in lontananza
Limati dalle onde come tanti schiavi
Ho visto il lavoro che hanno svolto
Con la morbida pazienza di un flusso incessante
Il modo in cui il monte più alto hanno portato
Ai loro piedi, e le massicce colline hanno fatto franare
Come il muro adamantino alla fine conquistato
Dalle onde che l'hanno fatto crollare.
E allora ho capito che peccato è resistere
Se il cedimento è l'abbraccio morbido dell'Amore
Che viene e che va, che scorre fra le rocce
Orgogliose dell'animo umano.
Che ogni resistenza deve passare
E si arrenda alla fine ogni cuore.

5
Entrando nell'infinito

Fin dall'inizio dei tempi l'uomo, a dispetto dei suoi appetiti carnali, in mezzo a tutto il suo attaccamento alle cose terrene e impermanenti, è sempre stato intuitivamente consapevole della natura transitoria e limitata della sua esistenza materiale, e nei suoi momenti più felici e silenti ha cercato la comprensione dell'Infinito, raggiungendo la Realtà riposante del Cuore Eterno attraverso una lacrimosa ispirazione. Mentre le vane immagini dei piaceri terreni gli danno l'idea di concretezza, solo il dolore e la tristezza lo fanno ragionare mostrandogli che, quelle immagini altro, non sono che irreali e insoddisfacenti per natura. Convinto che la piena soddisfazione vada ricercata nelle cose materiali, egli ha la consapevolezza di una rivolta contro le sue stesse convinzioni interiori, una rivolta che è al tempo stesso confutazione della propria mortalità essenziale e consapevolezza che solo l'Infinito è il luogo dell'immortalità e dell'eterno. E questo è il terreno comune della fede, qui si trova la sorgente di tutte le religioni, qui si trova l'anima della Fratellanza e il Cuore dell'Amore. Perché l'uomo è essenzialmente e spiritualmente divino ed eterno e benché immerso nella mortalità e turbato dal disordine, egli è in costante ricerca della propria natura. Lo spirito dell'uomo è inseparabile dall'Infinito e non può essere soddisfatto che dall'Infinito stesso, e il peso del dolore continuerà sul cuore dell'uomo, come le tenebre che oscurano il suo cammino, finché farà ritorno nella sua casa nella realtà dell'Eterno avendo rinunciato al mondo-sogno delle cose materiali.

Come la più piccola goccia d'acqua raccolta dall'oceano contiene tutte le qualità del mare, così l'uomo distaccato dalla conoscenza dell'Infinito contiene la sua stessa sostanza. E come la goccia d'acqua deve, per sua natura, trovare la strada che la riporta al suo oceano, così l'uomo deve trovare la strada che lo riconduca, tramite la legge infallibile della sua natura, verso la sua fonte: il grande oceano dell'Infinito.

Tornare a essere tutt'uno con l'Infinito è il fine ultimo degli uomini. Entrare in perfetta armonia con la legge eterna, con la Sapienza, con l'Amore e con la Pace. Ma questo stato divino è e deve essere sempre estraneo agli interessi personali. Personalità ed egoismo sono la stessa cosa e insieme sono l'antitesi della saggezza e della divinità. Con l'abbandono incondizionato della personalità e dell'egoismo, l'uomo entra in possesso della sua eredità divina di immortalità e di infinito.

L'abbandono della personalità viene considerato la più grave delle calamità da parte dell'egoista, la perdita più irreparabile, mentre invece è la sola benedizione suprema, l'autentico guadagno reale e duraturo. La mente non illuminata dalle leggi interiori dell'essere, cerca conforto nelle apparenze effimere, in quelle cose che hanno sostanzialità durevole, e così facendo perisce fra le macerie delle proprie illusioni.

Gli uomini gratificano la carne come se fosse eterna e cercano di non pensare alla sua caducità, tentano di dimenticare la vicinanza della sua fine, il terrore della morte e della perdita di tutto ciò a cui sono attaccati nelle loro ore più felici. E l'ombra tetra del loro egoismi li segue come uno spettro senza rimorsi.

Con l'accumulo dei lussi temporali, la divinità degli uomini si corrompe facendoli affondare sempre più profondamente nella materialità, nella vita deperibile dei sensi, là dove le teorie sull'immortalità della carne vengono spacciate per verità infallibili. Quando l'anima di un uomo è offuscata dall'egoismo in una qualsiasi delle sue forme, egli perde la capacità di giudizio spirituale e confonde l'effimero con l'eterno, il deperibile con il duraturo, la mortalità con l'immortalità, l'errore con la Verità. Così il mondo si è riempito di teorie e speculazioni senza fondamento sull'esperienza umana. Ogni corpo contiene in sé – dal momento della nascita – gli elementi della sua distruzione e, per via della legge inalterabile della sua stessa natura, è destinato a scomparire.

Nell'universo ciò che è deperibile non potrà mai essere duraturo; l'eterno non può estinguersi, il mortale non può diventare immortale, l'immortale non può morire, il transitorio non può durare per sempre, l'apparenza non può diventare realtà, l'errore non può diventare Verità. E la Verità non può diventare errore. L'uomo non può immortalare la carne ma, superandola, rinunciandovi, può accedere all'immortalità.

"Dio solo possiede l'immortalità" e solo realizzando lo stato di coscienza divino, l'uomo può diventare eterno. Tutta la natura nelle sue innumerevoli forme di vita è mutevole, impermanente, destinata a non durare. Soltanto il Principio della natura può durare. La natura è varia ed è caratterizzata da separazioni. Il Principio è unico ed è caratterizzato dall'unità. Superando i sensi e l'egoismo interiore, cioè superando la natura, l'uomo emerge dalla crisalide del personale e dell'illusorio e le sue ali splendono di luce gloriosa e impersonale, nella regione della Verità universale, dove giungono tutte le forme deperibili.

Gli uomini pertanto devono praticare la negazione del Sé, rifiutare i propri impulsi animali, spezzare le catene del lusso e dei piaceri, far pratica con la virtù e crescere giorno dopo giorno fino a che non si sviluppano attraverso il divino e accedono alla comprensione dell'umiltà, del perdono, della compassione, dell'amore: tutti elementi che costituiscono la Divinità.

"La buona volontà fornisce una visione" e solo chi ha deposto la propria personalità e possiede un atteggiamento mentale, quello della buona volontà, verso tutte le creature, possiede la visione divina ed è in grado di distinguere il vero dal falso. L'uomo estremamente buono è, quindi, l'uomo saggio, l'uomo divino, il veggente illuminato, colui che riconosce l'Eterno. Là dove trovi la costante dolcezza, la pazienza infinita, la sublime umiltà, la grazia dell'eloquio, l'autocontrollo, l'oblio di sé, la profonda simpatia, cerca la più elevata saggezza, cerca la compagnia ideale, perché chi possiede tutte queste virtù ha realizzato il Divino, vive con l'Eterno ed è divenuto un tutt'uno con l'Infinito. Non avere fiducia nell'impaziente, nell'irascibile, nel presuntuoso, in chi è attaccato ai piaceri della vita e rifiuta di rinunciare alle gratificazioni egoistiche, perché una persona del genere non possiede saggezza, la sua conoscenza è vana e le sue parole periranno perché effimere e inutili.

Lascia che l'uomo abbandoni il Sé, che vada oltre questo mondo, che rinneghi la personalità e attraverso questo percorso potrà entrare nel cuore infinito.

Il mondo, il corpo, la personalità non sono che miraggi nel deserto del tempo, sogni transitori nella notte oscura di un sonno spirituale mentre coloro che hanno attraversato il deserto e si sono spiritualmente risvegliati hanno compreso la Realtà universale in cui sogno e illusione non trovano riparo.

Esiste una Grande Legge che esige obbedienza incondizionata, è un principio unificatore alla base di tutte le diversità, una Verità eterna in cui tutti i problemi della terra diventano ombre. Per realizzare questa Legge, questa Unità, questa Verità, si deve entrare nell'Infinito, diventare tutt'uno con l'Eterno. Per far sottostare la propria vita alla Grande Legge dell'Amore bisogna accedere all'armonia, alla pace e al riposo. Astenersi da ogni partecipazione malvagia e ripiegare sull'incrollabile obbedienza alla santa pace interiore, la sola in grado di entrare nel profondo cuore delle cose. Giungere a una consapevole esperienza di quel principio eterno e infinito che per sua natura è negato al mero intelletto percettivo. Fino a quando questo principio non si realizza, l'anima non trova pace. Colui che realizza la vera saggezza non la prende dai dotti ma dalla semplicità del cuore innocente e dell'energia divina. Per accedere all'Infinito e all'Eterno bisogna viaggiare più in alto del tempo, del mondo e del nostro stesso corpo; ed essere in armonia con l'Immortalità, col Cielo e lo Spirito, che costituiscono l'Impero della Luce.

Penetrare nell'Infinito non è una mera teoria. È un'esperienza vitale risultato della più assidua pratica di purificazione interiore. Quando il corpo non è più riconosciuto dall'anima, quando tutti gli appetiti vengono sottomessi e purificati, quando l'intelletto trova il suo equilibrio, solo allora la coscienza diventa tutt'uno con l'Infinito. Gli uomini sono logorati dai problemi della vita e alla lunga li trascinano e li lasciano irrisolti proprio perché non riescono a venirne a capo. Sono troppo assorti nei propri limiti, accecati dal buio della personalità. Nel tentativo di salvare la propria vita personale, l'essere umano non approfitta della grande Vita della Verità ma resta aggrappato al deperibile, cioè estremamente lontano dalla conoscenza dell'Eterno.

Ripudiando il Sé si supera ogni difficoltà, nessun ostacolo si trova nell'universo perché il fuoco interiore l'avrà già purificato e fatto scomparire, come l'ombra colpita dalla luce della rinuncia. I problemi esistono soltanto nella nostra illusione e svaniscono quando il nostro Sé è scomparso. Sé ed errore sono sinonimi. L'errore si nasconde nella tenebra della complessità ma la semplicità rispecchia la gloria eterna della Verità. L'amore del Sé allontana la Verità agli uomini e alimenta la propria felicità personale, trascurando così la gioia più profonda, la più pura e la più costante. Dice il filosofo Thomas Carlyle: "Nell'uomo c'è qualcosa di più elevato della felicità. Egli può fare a meno della felicità perché possiede la beatitudine. L'amore non è piacere, l'amore è Dio. Questo è l'Eterno Sì, dove ogni contraddizione è già risolta, e chiunque lo possiede porta con sé il Bene". Colui che ha rinunciato al suo Sé (la personalità, che gli uomini amano tanto e a cui si legano con tanta tenacia) si è lasciato alle spalle tutte le perplessità, entrando finalmente in una semplicità tale da poter essere considerato dal mondo addirittura uno sciocco. A ben guardare quest'uomo ha realizzato la più grande saggezza e ora riposa nell'Infinito. Agisce senza alcuno sforzo e tutti i problemi che lo affliggevano si sono dissolti, perché è entrato nella zona della realtà e ha a che fare, non con effetti mutabili, ma con i principi immutabili delle cose. È illuminato da una saggezza superiore al raziocinio, al cui confronto quest'ultima diviene addirittura bestiale. Dopo aver rinunciato ai suoi desideri, ai suoi errori, alle sue opinioni e ai pregiudizi è entrato in possesso della conoscenza di Dio; ha ucciso il desiderio egoistico, la paura sciocca verso l'inferno; dopo aver abbandonato anche l'amore della sua stessa vita, ha maturato una suprema beatitudine: la Vita Eterna. Dopo aver ceduto ogni cosa senza riserve, ha guadagnato tutto e adesso riposa in pace sul grembo dell'Infinito.

Solo colui che è diventato così libero da Sé – contento di vivere l'annientamento o vivere da annientato – è adatto a entrare nell'Infinito. Solo colui che smette di fidarsi del proprio Sé deperibile ha imparato a fidarsi illimitatamente della Grande Legge, del Bene Supremo, ed è pronto a partecipare alla beatitudine eterna. Per lui non esiste rammarico né delusione o rimorso, perché dove ogni egoismo si è disciolto non esiste più alcuna negatività e qualunque cosa accada, sa che è per il suo bene. Non è più servo di Sé, ma servo del Supremo. Non è più influenzato dai cambiamenti terreni e se sente parlare di guerre la sua pace non è più turbata, laddove gli uomini si esasperano e ruggiscono, lui elargisce amore e compassione. Anche se le apparenze lo contraddicono lui sa che il mondo sta progredendo. Sa che:

> "Attraverso la sua risata e il suo pianto,
> Attraverso la sua vita e la sua protezione,
> Attraverso le sue follie e le sue fatiche,
> Cucite dentro e fuori dello sguardo,
> Alla fine e al principio,
> Attraverso tutte le virtù e i peccati,
> Avvolto nel rocchetto del Progresso divino
> Scorre il dorato filo della Luce".

Quando infuria la tempesta nessuno si arrabbia, si sa che presto tornerà il sole. E quando le tempeste della contesa devastano il mondo, il saggio il cui occhio è quello della verità e della pietà, sa che anche queste passeranno e che dai resti dei cuori spezzati risorgerà il Tempio della Saggezza. Una pazienza immensa, un'infinita compassione: la sua presenza è una benedizione e quando parla, gli altri uomini meditano sulle sue parole con tutto il cuore, e dai loro cuori le innalzano ai più alti livelli di realizzazione. Tale è l'uomo che è entrato nell'Infinito, colui che dal massimo sacrificio ha risolto il mistero sacro della vita.

Dubitando della Vita, del Destino e della Verità
Ho cercato nel labirinto buio della Sfinge
Colui che mi disse queste strane e magiche parole:
"Il buio è nell'occhio accecato,
Dio solo può vedere la forma di Dio"
Questo enigma ho tentato di sciogliere
Invano nei percorsi di dolore e cecità
Ma giunto nella Via dell'Amore e della Pace
Il buio è scomparso e la cecità con lui:
Allora ho visto Dio, con gli occhi di Dio.

6
Santi, Saggi e Salvatori: la Legge del Servizio

Lo spirito dell'Amore che si manifesta come una vita perfetta è il coronamento dell'essere e il fine supremo della conoscenza su questa terra. La misura della verità di un uomo è la misura del suo amore, e la Verità è distante da chi non vive in base alle leggi dell'Amore. L'intollerante e lo sputasentenze, anche se professano la più nobile delle religioni, non posseggono la Verità in alcuna misura, mentre chi esercita una costante pazienza e ascolta con calma tutti i punti di vista, possiede la Verità al massimo delle sue capacità. La prova finale della saggezza è questa: come vive un uomo? Come manifesta il suo spirito? Come si comporta davanti alle tentazioni? Molti si vantano di possedere la Verità, sebbene conoscano il dolore, la delusione, la passione ma cedono al primo soffio di vento. La Verità è immutabile e se un uomo o una donna decide di entrarne in possesso dovrà dimostrare virtù ben salde, mostrandosi capace di ignorare tutte le emozioni e la sua mutevole personalità. Gli uomini formulano dogmi deperibili e li chiamano Verità. La Verità non può essere formulata, è ineffabile, è sempre al di là dell'intelletto. Si può solo sperimentare con la pratica, si può manifestare con un cuore puro e perfetto.

Chi, dunque, in mezzo all'incessante pandemonio delle scuole di pensiero, delle credenze e delle ideologie, sa dire quale sia la Verità? Colui che la vive. Colui che la pratica.

Colui che, dopo aver superato il caos superando prima di tutto se stesso, non si sente più protagonista del mondo, ma si mette da parte, tranquillo e sottomesso, calmo e libero da ogni conflitto, ogni pregiudizio, ogni condanna e dispensa tutto il piacere disinteressato della divinità interiore.

Manifesta la Verità chi è paziente, calmo, gentile e perdona tutto e tutti. La Verità non può essere provata da giri di parole o dotte argomentazioni, perché se gli uomini non la percepiscono con l'infinita pazienza, il perdono immortale, l'onnipresente compassione, con nessuna parola mai sapranno descriverla. È facile mostrarsi calmo e paziente durante la quiete. È altrettanto facile per una persona brusca essere gentile ed educata se viene trattata con gentilezza. Ma chi conserva la propria pazienza quando è messo a dura prova dalle circostanze più estreme è in possesso della più pura Verità. Perché davvero una simile virtù appartiene al divino e può essere manifestata soltanto da chi ha raggiunto la più alta saggezza e ha rinunciato all'egoismo, dedicandosi alla suprema e immutabile Legge ed entrando in armonia con essa.

Lascia dunque che gli uomini cessino di riempirsi la bocca con false verità e lascia che pensino in armonia con la pace, con l'amore e con la buona volontà. Lascia che chi pratica le virtù del cuore cerchi con umiltà e diligenza la Verità, liberando la propria anima da ogni peccato, da tutto ciò che insozza il cuore umano e lo offusca, come una notte senza fine, come il sentiero delle anime erranti della terra. Esiste una legge onnicomprensiva che è il fondamento e la causa dell'universo: la Legge dell'Amore. È stata chiamata in modi diversi a seconda dei luoghi e delle epoche, ma sotto tutti questi nomi la legge è sempre la stessa e può essere riconosciuta dall'occhio della Verità.

I nomi, le religioni, le personalità scompariranno col tempo ma la Legge dell'Amore resterà per sempre. Per entrare in possesso di questa legge, per entrare in sintonia consapevole con essa, si deve diventare immortali, invincibili e indistruttibili.

È per realizzare questa Legge che gli uomini continuano a vivere, a soffrire, a morire; e quando la realizzano – dopo aver smesso di soffrire, deponendo la personalità – distruggono la vita terrena e la stessa morte, perché la coscienza è diventata un tutt'uno con l'Eterno.

La Legge è assolutamente impersonale e la sua massima espressione manifesta è quella del servizio. Quando il cuore purificato ha realizzato la Verità è richiamato a fare l'ultimo sacrificio, che è poi il più grande e il più sacro, il sacrificio del godimento della Verità. In virtù di questo sacrificio l'anima divinamente emancipata va ad abitare in mezzo agli uomini, vestita con un corpo fatto di carne, prestando il suo servizio per aiutare i poveri e gli ultimi: serva dell'umanità. Quell'umanità sublime che si manifesta nei salvatori del mondo è il sigillo di Dio, e chi ha annientato la propria personalità e ha assunto la visibile manifestazione dell'impersonale Spirito dell'Amore, è il solo meritevole del culto incondizionato dei posteri. Solo lui può umiliare se stesso con l'umiltà divina, non solo estinguendo il Sé, ma riversando tutto lo spirito dell'amore disinteressato nel cuore degli uomini.

Tutti i grandi maestri spirituali si sono negati lussi personali e comodità, ricompense e poteri temporali, ma hanno vissuto e insegnato la Verità al prossimo. Confronta le loro vite e il loro insegnamenti e troverai la stessa semplicità, la stessa abnegazione, la stessa umiltà, l'amore e la pace con cui hanno vissuto e pregato. Hanno insegnato gli stessi principi eterni e la realizzazione di ciò che combatte ogni malvagità. Sono stati acclamati e venerati come Salvatori dell'umanità e ognuno di loro ha manifestato la Grande Legge impersonale, libero dalle passioni e dai pregiudizi, dalle proprie opinioni arroganti, dalla dottrina da imporre e difendere. Non hanno mai tentato di convertire e fare proseliti. Son vissuti nella bontà, nella perfezione suprema e il loro unico scopo è stato elevare l'umanità con la bontà del pensiero, dell'azione e delle parole. Si trovano a metà fra Dio (che è oggettivo) e gli uomini (che sono soggettivi) e servono come esempi per la salvezza degli uomini schiavi di se stessi.

Gli uomini immersi in Sé che non riescono a comprendere che la Bontà è assolutamente oggettiva e impersonale, negano la divinità di tutti i Salvatori e si caricano di odio religioso con polemiche dottrinali, e mentre difendono a spada tratta il proprio punto di vista, si condannano a vicenda di eresia. In questo modo rendono nulla la bellezza disinteressata e la grandezza della santità dei loro maestri. Alla Verità non si possono imporre dei limiti, non può appartenere a un uomo soltanto o a una scuola di pensiero o a una nazione. Quando interviene la personalità, la Verità si disperde.

La gloria del Santo, del Saggio, del Salvatore è questa: hanno realizzato l'umiltà più profonda, l'altruismo più sublime, rinunciando a tutto, compresa la propria personalità. Tutte le loro opere sono sacre e durevoli, perché liberate dall'egocentrismo. Il Santo, il Saggio, il Salvatore danno ma non vogliono ricevere, lavorano senza pensare al passato o al futuro: non attendono una ricompensa.

Quando l'agricoltore ha lavorato la terra e l'ha seminata, sa che ha fatto il possibile e poi non deve far altro che affidarsi agli elementi naturali e attendere. Sa che non può in alcun modo influenzare il suo raccolto. Allo stesso modo, chi ha realizzato la Verità, semina bontà, purezza, amore e pace e non può far altro che attendere che la Legge dia i suoi frutti a tempo debito. Non deve pretendere nient'altro. Ma gli uomini, non comprendendo la divina semplicità di un cuore profondamente disinteressato, considerano il loro Salvatore e i suoi miracoli come qualcosa di completamente distinto rispetto alla natura e pertanto inaccessibile all'intera umanità. Questo è un atteggiamento di incredulità verso la divina perfettibilità dell'uomo che paralizza ogni essere umano, imbriglia la sua anima, come le corde del peccato e della sofferenza. Gesù "accresceva la sua saggezza" ed è stato "perfezionato dalla sofferenza". Ciò che Gesù era, lo è diventato. Ciò che Buddha era, lo è diventato. Ogni sant'uomo è diventato tale dopo un'incessante perseveranza nel proprio sacrificio.

Una volta riconosciuto che con sforzo e perseveranza puoi elevare la tua natura inferiore, grande e gloriosa sarà la prospettiva di realizzazione che ti si aprirà dinanzi. Buddha ha giurato di impegnarsi senza sosta finché ha raggiunto uno stato di perfezione e ha ottenuto il suo scopo.

Quello che hanno fatto i Santi, i Salvatori e i Saggi puoi farlo anche tu, percorrere la loro stessa strada con sacrificio e dedizione al servizio.

La Verità è molto semplice. Dice: "Abbandona il tuo Sé", "Vieni a me" (lontano dalle contaminazioni), "e io ti farò riposare". Tutte le montagne di commenti che si sono accumulati non sono capaci di nasconderla al cuore di chi, con sincerità, è in cerca di giustizia. Non è richiesto un apprendistato, la Verità può essere riconosciuta a dispetto di qualunque apprendimento. La semplicità della Verità, travestita in varie forme dall'egoismo errante degli uomini, resta invariata agli occhi del cuore altruista che partecipa alla sua radiosità splendente. Non a concepire complesse teorie o filosofie speculative la Verità è stata creata, ma per tessere la tela della purezza interiore, per costruire il Tempio eterno della vita. Colui che ha accesso a questo luogo sacro sa frenare le sue passioni. Questa è la virtù principale, l'inizio della santità. L'uomo vizioso gratifica tutti i suoi desideri e non mette in pratica più restrizioni di quanto la legge del suo paese non consenta. L'uomo virtuoso invece pone dei vincoli a tutte le sue passioni. Il Santo attacca il nemico della Verità nella sua roccaforte interiore col suo cuore e frena tutto l'egoismo e i pensieri impuri. Il Santo è colui che, libero dalle passioni e dai pensieri impuri, sente come naturali bontà e purezza come il fiore sente tali il suo profumo e il suo colore. Il Santo è divinamente saggio, solo lui conosce la Verità nella sua pienezza e lui solo è entrato nella pace duratura ed eterna. Per lui il male è scomparso, grazie alla luce universale del Bene

Supremo. La Santità è il distintivo della saggezza. Krishna ha detto al principe Arjuna:

> "Umanità, sincerità e innocuità
> Pazienza e onore, rispetto per il saggio
> Purezza, costanza, autocontrollo.
> Disprezzo per i godimenti, sacrificio
> Percezione della certezza della malattia
> Nella nascita, nella morte, nell'età, nella malattia, nella sofferenza e nel peccato
> Un cuore mai tranquillo nelle fortune, nel male
> L'impegno, la risoluzione
> Per raggiungere la percezione dell'anima estrema
> E la grazia per capire cos'è il guadagno
> Ottenere cioè la vera saggezza, Principe!
> Tutto il resto è ignoranza!"

Chi combatte senza tregua il proprio egoismo e si sforza di sostituirlo con amore assoluto è un santo, sia che viva in un appartamento che in mezzo a delle ricchezze, sia che predichi o che resti nell'anonimato. Per il mondano, che inizia ad aspirare a cose più elevate, il santo può essere, come il dolce San Francesco d'Assisi o il più estremo Sant'Antonio, uno spettacolo glorioso e stimolante. Come il Santo, è altrettanto stimolante il Saggio, seduto sereno e pacato, vittorioso contro il peccato e il dolore, senza rimorsi né tormenti o tentazioni. Così il Salvatore, attivamente impegnato in gesti caritatevoli e altruisti, rende la sua divinità più potente per il bene dell'umanità. E questo è il solo vero servizio: dimenticare se stessi amando tutti, perdere se stessi lavorando per tutti. E tu, uomo vano e sciocco, convinto che il tuo lavoro possa salvarti, tu, incatenato ai tuoi errori, grande ammiratore di te stesso, del tuo lavoro e dei tuoi molti sacrifici sappi che nonostante la tua fama corra in lungo e in largo per la terra, tutto il tuo operato non è altro che polvere. Non sei superiore all'ultimo gradino del Regno della Verità!

Solo il lavoro impersonale può durare, le opere egoistiche sono impotenti e deperibili. Se i doveri, anche umili, vengono svolti senza interesse e vero sacrificio, il servizio non è valido e il lavoro non sarà duraturo. Se le azioni, per quanto brillanti e di successo apparente, sono fatte per autocompiacimento, la Legge del Servizio non è rispettata e il lavoro fallisce.

Il mondo ha avuto l'opportunità di imparare la più grande e divina delle lezioni, la lezione di assoluto altruismo. I Santi, i Saggi e i Salvatori di tutte le epoche hanno svolto questo compito e hanno imparato e vissuto. Tutte le Scritture del mondo sono state redatte per insegnare questa lezione e tutti i grandi maestri l'hanno ribadita. Ignorandola, il mondo non fa che ripetere gli stessi errori. Un cuore puro è la fine di tutte le religioni e l'inizio della Verità. Il modo per cercare questa Giustizia è percorrere la Via della Verità e della Pace. Chi entra in questo mondo riceve ben presto l'immortalità che non conosce nascita o morte, e si rende conto presto che nell'economia divina dell'universo il lavoro più umile non è dimenticato. La divinità di un Krishna, un Gautama, un Gesù è il coronamento dell'abnegazione, la fine del pellegrinaggio dell'anima nella mortalità. E il mondo non avrà terminato il suo lungo viaggio finché ogni anima non avrà compiuto quel percorso di luce che accompagna alla realizzazione della propria divinità.

Una grande gloria incorona la speranza vincitrice di una dura lotta
Grandi onori al capo canuto autore delle opere migliori
Fiere ricchezze a chi ha trovato sentieri dorati.
E la fama onora il nome dell'uomo geniale
Ma maggior gloria attende chi, nella lotta cruenta
Contro di sé, sacrifica la vita e adotta l'amore
E onori più splendenti incoronano chi accetta
La corona di spine anche dai ciechi idolatri
E le più grandi ricchezze vanno a colui che
Cammina sulla strada della verità per allietare la vita umana
E colui che serve l'umanità abbandoni la fama
E vesta di Luce eterna, di Gioia e di Pace.

7
La realizzazione della pace perfetta

Nell'universo esteriore è in atto un fermento incessante, un tumulto continuo. Al centro di tutto, però, si trova un silenzio indisturbato, in questa pace profonda ha luogo l'Eterno.

L'uomo fa parte di questa dualità e al suo interno sono concentrate entrambe le facce, l'inquietudine e la pace eterna. Come esiste un silenzioso fondale marino che la tempesta più violenta non è in grado di raggiungere, così esiste una profondità silente e sacra nel cuore dell'uomo che le tempeste del peccato non potranno mai disturbare. La pace è raggiungere questo silenzio e vivere consapevolmente in esso. La discordia è diffusa in tutto il mondo esteriore ma al centro dell'universo regna un'armonia indistruttibile. L'anima umana, lacerata dalle passioni e dal dolore, giunge ormai accecata a uno stato armonico senza peccato, e qui trova la pace.

L'odio recide le vite umane, favorisce la persecuzione e trascina le nazioni in guerre sanguinarie, tuttavia alcuni uomini, anche se non ne comprendono il motivo, conservano un certo grado di fiducia verso un amore perfetto e tentano di raggiungerlo: non appena vivono questo Amore consapevolmente, hanno trovato la pace.

È una pace interiore questo silenzio, questa armonia, questo Amore. È il Regno dei Cieli, così difficile da raggiungere solo perché in pochi sono disposti a rinunciare a se stessi e tornare bambini.

"La porta del Cielo è stretta e minuta
Troppo stretta per gli stolti
Accecati dall'illusione terrena
Anche il veggente che vede la strada
E tenta di entrare, non ce la fa
È ancora vittima dell'orgoglio
Della passione, dell'avarizia, della lussuria".

Gli uomini gridano "Pace! Pace!" dove c'è discordia, inquietudine e violenza. La pace non esiste se non dove vige la Sapienza e la rinuncia di Sé. La pace come comodità sociale, come gratificazione passeggera, come vittoria terrena è transitoria per sua natura e si disintegra alla prima fiammata purificatrice. Soltanto la Pace del Cielo supera la prova. E solo il cuore disinteressato può conoscere la Pace del Cielo.

La Santità soltanto è una pace immortale. L'autocontrollo conduce a essa e la Luce della Saggezza guida il pellegrino per la sua strada. Aumenta la sua sicurezza quando il sentiero si inclina verso l'alto, ma soltanto se rinuncia al Sé gli sarà rivelata la pace nella sua totalità.

"Questa è la pace
Ripudiare l'amore di Sé e la lussuria della vita
Sradicare le passioni dal cuore
E placare la lotta interiore".

Se, mio lettore, ti rendi conto che esiste una Luce che non tramonta mai, una gioia che non ha fine, una tranquillità che non può essere interrotta, e se ti lasci alle spalle ogni tuo peccato, ogni tuo dolore, ogni ansia e perplessità, se, ti dico, vuoi partecipare a questa salvezza, a questa Vita suprema: conquista te stesso. Rendi obbediente ogni tuo pensiero, ogni tuo impulso, ogni tuo desiderio, sottomettili al tuo potere divino interiore. Non esiste altro metodo per raggiungere la pace. Se ti rifiuti di camminare in questo sentiero, ogni tuo sforzo sarà inutile e né Dio né gli angeli potranno aiutarti.

Solo a chi è capace di superarsi verrà donata la bianca pietra della nuova vita, su cui verrà scritto il Nuovo e Ineffabile Nome.

Lascia perdere, per un po', le cose terrene, i piaceri dei sensi e dell'intelletto, le discussioni e le emozioni del mondo esterno, e ritirati in te stesso nella cella più profonda del tuo cuore. Là dentro, senza nessuno che può disturbarti, in sacro silenzio, medita e riposa. L'occhio impeccabile della Verità si aprirà dentro di te e vedrai le cose per come sono realmente. Questo sacro luogo dentro di te è il tuo vero Io eterno, è il divino che vive in te e solo quando riesci a identificarti in lui potrai dire di avere "una mente sana". È la dimora della pace, il tempo della saggezza, la casa dell'immortalità. Oltre a questo luogo di pace interiore, questo Monte della Visione, non esiste vera pace, non esiste alcuna conoscenza del Divino e se riesci a starvi per almeno un minuto, un'ora o un giorno, sarai capace di rimanervi per sempre. Tutti i tuoi peccati e i dolori, le tue paure e le tue ansie appartengono a te soltanto, e solo tu puoi rinunciarvi. Ti leghi a loro di tua spontanea volontà e con la stessa volontà puoi liberartene. Nessun altro può rinunciare ai tuoi peccati, ecco perché devi rinunciare a te stesso. Il più grande insegnante non può fare altro che percorrere la via della Verità per se stesso e poi dirti di fare la stessa cosa. Devi camminare con le tue gambe.

È possibile raggiungere la libertà e la pace solo con i tuoi sforzi, tagliando le corde che ti imbavagliano e che ti impediscono di stare in pace.

Gli angeli della pace divina sono sempre a portata di mano e se non li vedi, è perché hai preferito convivere con gli spiriti del male. Tu sei ciò che hai voluto essere, ciò che hai desiderato essere, ciò che preferisci essere.

Puoi cominciare a purificarti, così facendo puoi giungere alla pace. Oppure puoi rifiutare di purificarti e continuare a star male.

Fatti da parte dunque, abbandona il caldo torrido esteriore e cerca l'aria fresca riposante che solo la calma e la pace della tua anima possono garantirti. Vieni fuori dalle tempeste del peccato e dell'angoscia. Non essere turbato dal mare agitato se ti trovi sul porto della Pace di Dio! Abbandona il tuo egoismo, rinuncia al Sé ed ecco! La Pace di Dio è tua!

Doma la bestia che c'è in te, reprimi ogni rivolta egoista, ogni voce discordante e tramuta i metalli arrugginiti della tua natura egoista nell'oro puro dell'Amore. Realizzerai una vita di pace perfetta.

Questa sottomissione, questa conquista, questa rivoluzione ti migliorerà davvero, mio lettore! Mentre vivi nella carne, affronta le oscure onde della mortalità e raggiungi quella Costa dove il mare non potrà più farti del male, con i suoi peccati e le sue sofferenze, là dove non c'è posto per l'incertezza. In piedi sulla Costa, compassionevole, risvegliato, santo e padrone di te ti renderai conto che

> "Mai nato è lo Spirito, mai morirà
> Sempre è esistito, la fine e il principio sono illusioni
> Nascita e morte non conosce lo Spirito sempiterno"

Allora comprenderai il significato del Peccato, del Dolore, della Sofferenza e che la loro fine corrisponde alla Sapienza. Saprai la causa e il senso dell'esistenza.

E con questa realizzazione otterrai il Riposo, perché questa è la beatitudine dell'immortalità, questa è la gioia immutabile, questo è l'Amore della conoscenza assoluta, l'immacolata Saggezza, l'Amore immortale. Questo e questo solo è la realizzazione della Pace Perfetta.

> O tu che vorresti insegnare agli uomini la Verità!
> Hai forse attraversato il deserto del dubbio?
> Ti sei depurato col fuoco del dolore? Hai tu
> I Demoni dell'opinione scacciato
> Dal cuore umano? La tua anima è equa al punto
> Che nessun pensiero lordo potrà ospitare?
> O tu che vorresti insegnare l'Amore agli uomini!
> Hai forse attraversato il deserto della disperazione?
> Hai pianto il tuo dolore per tutta la notte oscura?

Hai mosso il cuore umano a compassione
Guardando il male, l'odio, la pressione incessante?
O tu, che vorresti insegnare all'uomo cosa è la Pace!
Hai attraversato l'oceano in battaglia?
Hai trovato sulle rive del Silenzio
Le inquietudini della vita selvaggia?
Il tuo cuore umano ha compiuto gli sforzi
Nel nome della Verità, dell'Amore e della Pace soltanto?

La via della prosperità

Introduzione

Guardandomi attorno ho visto un mondo costellato di dolore ed eroso dagli incendi della sofferenza. Ho voluto conoscere la causa di tutto questo. Allora mi sono guardato intorno ma non riuscivo a trovarla, così ho cercato nei libri ma neppure lì ho trovato niente. Infine ho guardato dentro me stesso e ho scoperto sia le cause sia la natura indipendente di quelle cause. Ho guardato ancora, e più in profondità, e ho scoperto la cura.

Ho trovato una Legge, la Legge dell'Amore. Una Vita, la Vita di regolazione di quella Legge. Una Verità, la verità di una mente conquistata, di un cuore sereno e devoto.

E ho sognato di scrivere un libro che possa aiutare gli uomini e le donne, i ricchi e i poveri, i colti e gli ignoranti, i materialisti e gli spirituali a trovare dentro di sé la fonte di ogni successo, di ogni felicità, la piena realizzazione e tutta la verità. E il sogno è rimasto in me, fino a quando si è materializzato.

Adesso lo invio nel mondo con una missione di guarigione e di beatitudine. Perché so che non può non raggiungere le case e i cuori di chi, da questo libro, si aspetta molto.

James Allen

1
La lezione del male

Irrequietezza, dolore e pena sono le ombre della vita. Non esiste cuore al mondo che non abbia sofferto il morso del dolore, né mente che non abbia subìto le acque oscure del dubbio, né occhio che non abbia pianto le calde, accecanti lacrime di un'indicibile angoscia. Non c'è famiglia in cui non siano entrati i Grandi Distruttori – la malattia e la morte – separando gli affetti e ricoprendola di una cappa oscura di dolore. Tutti sono stati rapidamente catturati dai robusti e apparentemente indistruttibili tentacoli del male e vigilano in attesa sull'umanità la sfortuna, l'infelicità e la sofferenza. Uomini e donne, nel tentativo di sfuggir loro, si inoltrano alla cieca in innumerevoli vie dove sperano di trovare una felicità che non avranno.

Così fanno l'alcolista e la donna di facili costumi, che godono di emozioni materiali. Così fa l'esteta, che non vuole guardare in faccia le brutture del mondo esterno e si circonda di lussi sfrenati. Così fa chi ha sete di ricchezza e mette in secondo piano ogni cosa per raggiungere il suo scopo. Così fanno tutti coloro che cercano conforto nei riti religiosi. L'anima si illude in uno stato di dolce sicurezza e totale assenza del male. Però un giorno la malattia viene a bussare alla porta, il grande dolore si fa vivo e la tentazione, o la sfortuna, distruggono improvvisamente un'anima non abbastanza forte. Il velluto della sua felicità viene ridotto a brandelli.

Su ogni testa gioiosa pende una spada di Damocle del dolore, costantemente pronta a cadere e schiacciare l'anima sprovvista di conoscenza.

Il bambino piange quando cresce, l'adulto sospira se pensa all'infanzia perduta. Il vagabondo si lamenta per le catene della povertà, il ricco vive nel terrore di perdere la ricchezza e scandaglia il mondo alla ricerca di un'ombra furtiva che chiama felicità.

A volte l'anima sente di aver raggiunto una pace e una felicità grazie alla religione, alla filosofia o alla pratica artistica, eppure le tentazioni travolgenti possono mostrarle che la religione è inadeguata o insufficiente, che la filosofia è un accanimento futile, o che la scultura perfetta – che richiede anni di lavoro – si frantuma ai suoi piedi in meno di un secondo.

Esiste dunque una via di scampo al dolore e alla sofferenza? Esistono metodi per recidere ogni legame con il male? La felicità permanente, la prosperità continua, la pace duratura sono forse sogni assurdi?

No, esiste un modo, e lo dico con gioia, grazie al quale il male può essere distrutto per sempre. C'è un processo attraverso cui la sofferenza, la povertà o qualsiasi altra condizione avversa può essere scacciata una volta per tutte. C'è un metodo che assicura una prosperità permanente e libera da ogni timore. Una pratica con cui ottenere pace e beatitudine.

L'inizio della strada che conduce a questa realizzazione gloriosa è la corretta comprensione della natura del bene e del male. Pregare non è sufficiente a scacciare il male, si deve prima capire perché è lì e cos'ha in serbo per te.

Non serve a niente agitarsi, logorarsi nelle catene che ti legano; è necessario invece sapere perché porti queste catene ai piedi. Dunque, lettore o lettrice, devi smettere di dare la colpa agli eventi esterni e iniziare a esaminare te stesso. Smetti di comportarti come un bambino capriccioso nella scuola dell'esperienza e comincia a imparare, con pazienza e umiltà, le lezioni utili alla tua condotta morale. Il male, se compreso correttamente, apparirà come una fase passeggera dell'esperienza umana e non come un principio universale dal potere illimitato. Lo vedrai come un maestro che insegna qualcosa per chi è disposto a imparare.

Il male non è qualcosa di astratto che vive fuori di noi, è invece un'esperienza che avviene dentro te e se esaminerai pazientemente il tuo cuore emergerà l'origine della natura del male, che permetterà necessariamente la sua completa estirpazione. Tutto il male è un'azione correttiva e di recupero, quindi non è duraturo. Mette radici nell'ignoranza e finché questa rimane stabile saremo succubi del male.

Il solo male nell'universo è il risultato dell'ignoranza e se gli uomini fossero pronti a imparare la lezione e conquistare maggiore saggezza, il male sparirebbe. Ma gli uomini non sembrano disposti a compiere un simile sforzo.

Ho conosciuto un bambino che ogni notte, quando la madre lo accompagnava a letto, piangeva perché voleva giocare con la candela accesa sul comodino. E la sola volta che la mamma si è distratta, per un momento, lui ha allungato la mano e ha afferrato l'oggetto con il solo prevedibile risultato: da quel momento il piccolo non ha più voluto giocare col fuoco. Con quel suo gesto sciocco ha imparato, e alla perfezione, la lezione sull'obbedienza. Questo incidente illustra bene il senso del peccato e del male. Come il piccolo ha subìto tramite l'ignoranza la vera natura del fuoco, così fanno i ragazzi più grandi che piangono dopo essersi scottati. Ma nel secondo caso l'ignoranza e il male sono ben più radicati e oscuri.

Le tenebre sono da sempre il simbolo del male, la luce è il simbolo di Dio. A ben guardare nei simboli si nasconde molta verità perché, come la luce inonda l'universo e l'oscurità è solo un'ombra proiettata da un corpo a sua volta illuminato, va da sé che la luce è una forza suprema positiva e l'ombra un male insignificante che si nasconde ai raggi lucenti. Quando la notte copre il mondo con il suo mantello impenetrabile, non importa quanto sia fitta l'oscurità, perché l'ombra ricopre solo metà del nostro pianeta mentre tutto l'universo è ricolmo di luce viva. Ognuno di noi sa che si risveglierà con i raggi del mattino.

Quando la notte oscura della sofferenza si posa sulla nostra anima, inciampiamo con passo stanco e incerto, riusciamo a stento a intercettare i nostri desideri di gioia ma quell'ombra scura che si allarga sempre di più non è creata da niente e da nessuno, se non da noi stessi.

Proprio come il buio esterno è un'ombra negativa, una irrealtà che non viene da nessun luogo e non ha una dimora permanente, così il buio interno è un'ombra altrettanto negativa che travolge l'anima illuminata.

Mi pare già di sentire qualcuno chiedere: "Perché alcuni dovrebbero scegliere le tenebre del male?". Per ignoranza. Ma puoi sceglierle anche per conoscere sia il bene che il male, e puoi apprezzare maggiormente la luce se hai vissuto le tenebre.

Il male è una diretta conseguenza dell'ignoranza ma, una volta imparata la lezione, l'ignoranza si indebolisce e scompare, e al suo posto si manifesta la saggezza. Certo, a volte, come un bambino capriccioso, gli uomini si rifiutano di imparare le lezioni dell'esperienza, restando schiavi delle tenebre e subendo le naturali conseguenze: malattia, delusione e dolore.

Colui dunque che vuole liberarsi dal male, deve essere disposto a imparare e comprendere che non un grammo di saggezza o felicità o pace può durare senza disciplina. Un uomo può rinchiudersi in una stanza buia e negare l'esistenza della luce, ma l'assenza di luce c'è solo in quella sua misera stanzina. Decidi: puoi spegnere la luce della verità o cominciare ad abbattere uno per uno i muri del pregiudizio, dell'egoismo e dell'errore che ti circondano, in modo da farti raggiungere dalla Luce gloriosa e onnipotente.

Da un serio esame di coscienza capirai che il male è una fase di passaggio, un'ombra creata da te: questo devi comprenderlo fino in fondo, non si tratta di una bella frase da imparare a memoria. Tutti i tuoi dolori e le sfortune ti raggiungono a causa di una legge assolutamente perfetta. Vengono a te per renderti più forte, più saggio, più nobile.

Quando capirai davvero tutto ciò, sarai nella posizione di plasmare tutte le tue circostanze, per mutare il male in bene e per tessere, con grande maestria, il manto del tuo destino.

Che miri ancora, della notte, o sentinella
L'alba scintillante sulle alture del promontorio,
il Messaggero indorato dalla Luce delle luci?
Sono quelli i suoi bianchi piedi, là in cima?
Giunge ancor a scacciar la tenebra,
e con essa tutti i demoni della Notte?
Colpiscono ancora i suoi raggi aguzzi la tua vista?
Senti la sua voce, il suono della fine dell'errore?

Ecco il Mattino, amante della Luce;
Anche adesso indora la fronte della montagna
Vedo ancora il percorso dove
I suoi lucenti piedi segnano la notte.

Le tenebre passeranno, e tutto ciò
Che ama l'ombra, nemico della luce
Sparirà portato via dalla Notte:
Gioisci! Ché così canta il lesto Messaggero.

2
Il mondo riflette gli stati mentali

Il tuo mondo è quello che sei. Ogni cosa nell'universo si risolve nella tua intima e personale esperienza. Non badare al mondo esterno, non è che un riflesso del tuo stato di coscienza. Conta solo ciò che sei dentro di te, quel qualcosa che tinge e riflette ogni elemento esterno.

Tutte le conoscenze positive apprese sono custodite nel tuo bagaglio di esperienze. Tutto ciò che incontrerai dovrà passare attraverso la porta dell'esperienza e diventare, così, parte integrante di te stesso. I tuoi pensieri, i tuoi desideri, le tue aspirazioni comprendono il tuo mondo e quanto esiste in termini di bellezza, gioia e beatitudine (o all'opposto, di tristezza, sofferenza e dolore) è già contenuto dentro di te.

Con il pensiero puoi costruire o distruggere la tua stessa vita, il tuo mondo, il tuo universo. Con la forza del pensiero costruisci il tuo io interiore, ma allo stesso modo costruisci tutto ciò che ti circonda, la tua vita esteriore e le circostanze. Tutto quello che proteggi nel profondo del tuo cuore, presto o tardi si realizzerà grazie alla Legge della reazione: a ogni azione, corrisponde una reazione. L'anima impura ed egoista è destinata a catastrofe certa, l'anima pura gravita verso la felicità.

Ogni anima attrae a sé ciò che le è proprio, mai qualcosa di estraneo. Per comprendere a fondo questo fenomeno è bene conoscere l'universalità della Legge Divina.

Gli incidenti di ogni vita umana dipendono dalla qualità e dalla forza del pensiero interiore. Ogni anima è una combinazione complessa di esperienze e pensieri, e il corpo non è che un veicolo per la sua manifestazione.

Quali che siano i tuoi pensieri, quindi, rappresentano il tuo vero io. E il mondo circostante, sia animato che inanimato, indossa la veste che i tuoi pensieri gli hanno cucito addosso.

"Tutto quello che siamo è risultato del nostro pensiero. Si fonda su di esso, da esso prende forma."

Questo disse Buddha, e ne consegue che se un uomo è felice, è perché ha pensieri felici. Se è triste, è perché alberga in un pensiero debilitante e scoraggiante.

Se un uomo o una donna sono timorosi o spaventati, sciocchi o saggi, pensosi o sereni, possono trovare la causa del proprio stato dentro di sé e non altrove.

Mi sembra di sentire un coro di voci esclamare: "Ma tu credi davvero che le circostanze esterne non incidano sulla nostra mente?". Non dico questo, quello che io dico è (ed è una realtà infallibile) che le circostanze esterne incidono sulla nostra mente solo se glielo permettiamo. Se le circostanze ti influenzano è perché non hai una comprensione corretta della natura, dell'uso e del potere del pensiero.

Tu credi (e da questa convinzione dipendono le nostre gioie e i dolori) che i fattori esterni abbiano il potere di rovinarti la vita. Bene, io ti dico allora che in questo modo diventi loro schiavo e li rendi padroni assoluti. Perché così facendo li investi di un potere che prima non avevano e ti affidi non tanto alle mere circostanze, quanto all'errore o alla gioia, alla paura o alla speranza, alla forza o alla debolezza, agli umori insomma che il tuo pensiero ha manifestato all'esterno di te.

Conoscevo due persone che da giovani avevano perso i loro risparmi. Uno dei due era profondamente turbato e ha preso la strada della tristezza, dello sconforto e della preoccupazione. L'altro, nel leggere sul giornale il fallimento della banca e di tutti i suoi risparmi, con calma e fermezza ha detto: "Be', la preoccupazione e il dispiacere non mi restituiranno ciò che ho perso. Solo il duro lavoro può farlo." Tornò a lavorare con rinnovato vigore e rapidamente riacquistò la prosperità mentre l'altro, continuando a piangere sul latte versato, è rimasto vittima delle circostanze, ossia dei suoi cattivi pensieri. Per lui la perdita di denaro è stata una maledizione perché ha vissuto quel momento con tristezza e pessimismo, ma una benedizione per il suo collega che ha optato per pensieri di forza e speranza.

Se la circostanza avesse avuto il potere di maledire o benedire, avrebbe riservato lo stesso trattamento a entrambi, ma i due esiti opposti dimostrano che il male o il bene albergavano soltanto nelle due diverse anime e non in ciò che avevano intorno.

Quando si inizia a comprendere questo concetto, si acquista il controllo dei propri pensieri, la capacità di regolare e disciplinare la mente, di ricostruire il tempio interiore della propria anima, eliminando tutto il materiale superfluo. E raggiunta questa consapevolezza si diventerà forti e sani, compassionevoli e amorevoli, e belli grazie alla bellezza dell'immortalità.

Vestiamo gli eventi con la stoffa dei nostri pensieri e così possiamo vestire tutti gli oggetti del mondo visibile che ci circonda, dove c'è chi vede solo armonia e bellezza e chi una bruttezza rivoltante.

Un giorno, un appassionato naturalista che si trovava a passeggiare per dei viottoli di campagna, si imbatté in uno stagnetto di acqua salmastra nei pressi di un cortile. Mentre procedeva col riempire una bottiglia di quell'acqua, per poterla analizzare poi al microscopio, si voltò verso un contadino dicendo: "Sì amico mio, in questa pozza ci saranno un centinaio, anzi, un milione di universi. Se solo avessi lo strumento adatto per coglierli...". Quell'uomo semplice replicò: "Non credo sia così difficile raccoglierli, non sono che girini!". Se il naturalista, con la sua mente aperta alla conoscenza dei fatti naturali, è rimasto incantato dalla bellezza e della complessità di quel microcosmo, la mente non illuminata del contadino è riuscita a vedere a malapena una inutile pozzanghera piena di fango.

Il fiore selvatico calpestato da un viandante sbadato è per l'occhio musicale del poeta un messaggio angelico dall'invisibile. Per tanti, l'oceano è solo una triste distesa d'acqua su cui le navi qualche volta non arrivano alla meta, per l'anima del musicista è un'anima viva di cui sente stati d'animo mutevoli e armonie divine. Quando la mente ignorante assiste a un disastro, la mente del filosofo ci vede una perfetta sequenza di causa ed effetto, e se il materialista ci vede soltanto morte e terrore, il mistico ne intravede la vita pulsante ed eterna. Veliamo gli eventi e gli oggetti con stoffe dei nostri pensieri, così come possiamo vestire le anime degli altri con le stesse pregiate stoffe.

L'ansioso sospetta di tutti e crede che tutti siano sospettosi, il bugiardo si sente al sicuro pensando che nessuno sia sincero, l'invidioso scorge invidia in ogni anima, l'avido dorme con una pistola sotto al cuscino, convinto che tutti siano attaccati al suo denaro come lui a quello degli altri e il vizioso guarda al santo come a un ipocrita. Del resto chi ha pensieri d'amore vede l'amore ovunque e il buono, l'onesto e chi ha un carattere allegro certo non vede attorno a sé sentimenti negativi. Chi ha realizzato il divino dentro sé, lo riconosce anche negli altri esseri umani e negli animali.

I saggi sanno che il proprio atteggiamento mentale, per la legge di causa ed effetto, attira loro ciò che per primi emettono all'esterno, entrando in contatto quindi con persone esattamente uguali a loro. Il vecchio proverbio "Gli uccelli con una sola piuma volano nello stesso gruppo" ha un significato più profondo di quanto si pensi, perché nel mondo del pensiero, come in quello materiale, ognuno trova se stesso negli altri.

Vuoi gentilezza? Sii gentile. Vuoi verità? Sii sincero. Vuoi fedeltà? Sii fedele. Quel che dai troverai, il tuo mondo si specchia in te.

Se fai parte di quelle persone che pregano per un mondo migliore dopo la morte, ho una bella notizia da darti: puoi iniziare fin da ora a vivere felice, puoi realizzare quel mondo da adesso. Per riempire l'universo guardati dentro e troverai conoscenza e successo. Come diceva qualcuno che conosceva bene le leggi interiori dell'Essere:

"Perché il regno di Dio è dentro di voi."

L'unica cosa che devi fare è credere in queste parole. È sufficiente crederci con una mente priva di alcun dubbio, e meditare su di esse fino a che la comprensione non sarà totale. Inizierai a purificarti per costruire il tuo mondo interiore e procederai passando di rivelazione in rivelazione, di realizzazione in realizzazione, scoprendo l'impotenza assoluta delle cose esteriori in confronto alla magica potenza di un'anima che si governa da sé.

Se vorrai giustizia nel mondo,
e diffidare i suoi mali e le sventure,
fai sbocciare i suoi fiori selvatici,
le sue rose del deserto.
Poi cerca giustizia in te stesso.

Se vorrai conoscere il mondo,
dalla sua lunga, solitaria prigione lasciva
Netta tutti i cuori spezzati
Cela ogni dolore, dona una soave consolazione.
Poi conosci te stesso.

Se vorrai curare il mondo
Dalla sua lunga malattia, e la pena e il dolore
Risanalo con la gioia,
e dona riposo agli infermi.
Poi cura te stesso.

Se vorrai svegliare il mondo
Dal sogno di morte e dai conflitti delle ombre
Portagli Amore e Pace
E la Luce della Vita immortale.

Poi sveglia te stesso.

3
La via d'uscita nelle condizioni avverse

Dopo aver visto e compreso che il male non è altro che un'ombra passeggera intercettata dall'io e che il mondo è solo lo specchio di noi stessi, vediamo ora di elevare il discorso e concentrarci sulla Visione della Legge. Se capiamo che ogni cosa dipende dall'incessante interazione di causa ed effetto, sappiamo che niente può essere estraneo a questa legge. Dal pensiero più banale degli esseri umani fino alla perfezione dei corpi celesti, la legge regna sovrana. Nessuna condizione arbitraria può esistere, neppure per un istante, perché sarebbe un controsenso. Ogni condizione vitale è legata a una sequenza ordinata e armoniosa, e il segreto di ogni condizione è racchiuso in se stessa.

Sul portale dell'Eternità campeggia in caratteri fiammeggianti la scritta

> "Chi semina vento raccoglie tempesta"

la cui verità è innegabile e nessuno può sfuggirvi. Chi si è scottato deve aspettare che la ferita si rimargini, non può certo guarire con le imprecazioni o con le preghiere. È la stessa legge che governa il mondo della mente. L'odio, la rabbia, la gelosia, l'invidia, la lussuria, la cupidigia sono fiamme che scottano chi decide di toccarle.

Si tratta di condizioni mentali che vengono giustamente indicate come un "male" perché sono gli sforzi dell'anima ignorante di sovvertire la legge. Conducono a una confusione interna che prima o poi provoca delle condizioni esterne negative. Al contrario l'amore, la gentilezza, la buona volontà, la purezza sono aria fresca che consentono all'anima di respirare perfettamente, perché sono in armonia con la Legge Eterna e si trasformano in forme di salute, ambiente sereno, fortuna e inevitabile successo.

Conoscere alla perfezione questa Grande Legge che riempie l'universo conduce all'acquisizione di uno stato d'animo dedito all'obbedienza. Sapere che l'universo si basa su giustizia, amore e armonia ci dà la consapevolezza che le condizioni avverse e la sofferenza non sono che cause della nostra disobbedienza nei confronti della Legge. Rispettandola saremo forti e potenti, e su queste basi potremo edificare un futuro sereno e duraturo.

Portare pazienza in ogni circostanza e accettare tutte le condizioni come fattori necessari alla tua crescita significa elevarti al di sopra di qualsiasi dolore o sofferenza. Sarà un superamento autentico di ogni forma di debolezza, senza timori di sorta, un'obbedienza totale alla legge che fortifica l'anima. Chi le obbedisce lavora con armonia, si identifica in essa, e qualunque cosa riesca a conquistare sarà una conquista eterna e indistruttibile.

La causa di tutto il potere, come di ogni debolezza, felicità e miseria si trova all'interno di noi stessi.

Il solo reale progresso è il dispiegamento delle forze interne, dispiegamento che senza la conoscenza non può avere luogo. Dici di essere vittima delle circostanze, desideri con forza nuove opportunità, un fisico più atletico, e imprechi per via del destino che ti imbriglia mani e piedi.

Mi rivolgo ora proprio a te. Ascolta e lascia che queste mie parole si accendano nel tuo cuore: puoi migliorare ogni condizione della tua vita esteriore come più desideri, ma se vuoi che questo accada sul serio, devi risolvere i tuoi dubbi interiori.

All'inizio ti sembrerà di avere intrapreso una strada sterile: è quella giusta, perché solo l'errore e l'illusione conquistano il viandante col fascino e la magia. Dovrai continuare a camminare con perseveranza, con disciplina, ignorando la debolezza e consentendo alla tua anima di arricchirsi dei suoi poteri spirituali. Alla fine ti stupirai nel vedere fino a che punto la tua vita esterna sarà cambiata. Il tuo percorso sarà costellato di occasioni d'oro che se coglierai in tempo potranno germogliare dentro te. Acquisterai nuovi geniali amici, anime allegre e vivaci vorranno conoscerti e i grandi libri e tutti gli aiuti esterni ti verranno incontro senza neppure cercarli.

Forse la morsa della povertà incide pesantemente sulla tua vita, o ti ritrovi senza amici o convivi con un desiderio intenso inespresso, forse ti senti avvolto da un'ombra sempre più stringente. Ti lamenti, piangi per la sventura, maledici la tua stessa nascita, i tuoi genitori, il tuo datore di lavoro e l'ingiustizia che ti ha immeritatamente donato povertà e disagio, lasciando a qualcun altro ricchezze e una vita facile.

Smetti subito di piangerti addosso, nessuna di tutte queste cose ti affligge per motivi misteriosi o troppo grandi. La causa è dentro di te. E – dentro di te – c'è la cura.

Il fatto stesso che ti lamenti significa che sguazzi nella negatività. Indica che non hai la fede sufficiente per rimboccarti le maniche e risolvere tutti i tuoi problemi. La preoccupazione è il suicidio dell'anima. Nell'universo non c'è posto per chi passa la giornata a lamentarsi. Questo tuo atteggiamento ingrossa le catene che ti frenano, rinforza l'oscurità che ti acceca. Pensa a una nuova prospettiva vitale e la tua vita cambierà. Costruisci te stesso nella fede e nella conoscenza, migliorerai gli ambienti esterni e il ventaglio delle tue possibilità.

Assicurati prima di tutto che tu stia facendo il meglio possibile. Non credere di dover fare il passo più lungo della gamba, perché anche i progressi minimi sono essenziali, mentre un passo azzardato potrebbe costarti caro. Come l'alunno a scuola deve superare una fase per iniziare la successiva, così tu, prima di ottenere un bene maggiore di quel che hai, utilizza fedelmente quello in tuo possesso. La parabola dei talenti è un buon esempio al riguardo. Il servo che non ha investito il denaro ma lo ha semplicemente sotterrato non si è guadagnato l'ammirazione del padrone, al contrario degli altri due che hanno saputo raddoppiare il loro capitale. Se facciamo un uso improprio di quello che abbiamo, quel poco ci sarà tolto.

Forse vivi in una piccola casupola in montagna frustata da venti di tempesta. Desidereresti una grande dimora più accogliente e più sana. Allora devi sforzarti di rendere la tua casetta più accogliente possibile, che assomigli a un piccolo paradiso. Devi tenerla perfettamente pulita, farla sembrare assai più bella di quanto non sia, nei limiti dei mezzi che possiedi. Cucinare con cura, organizzare una tavolata umile ma splendida. Se non puoi permetterti un grande tappeto, lascia in bella vista la moquette, fissala con chiodi adeguati e con santa pazienza. È un pavimento che non sbiadisce al sole e l'usura non potrà mai rovinarlo. Un ambiente così nobile creerà delle condizioni esterne più piacevoli.

Forse desideri avere più tempo per realizzare tutto questo. Il tuo tempo libero sarà più che sufficiente. Non serve desiderare di avere più tempo se già stai sprecando quel poco che hai. Anche la povertà e la mancanza di tempo libero sono conseguenze della debolezza, sono un vero ostacolo al proprio progresso e il male che si annida in loro è semplicemente dentro di te. Cerca di capire pienamente e completamente che sei il creatore del tuo destino e che, grazie al potere di trasformazione dell'autodisciplina, puoi convertire il male in benedizione. Dovrai quindi utilizzare la tua mancanza di pazienza, speranza e coraggio e l'assenza di tempo libero per ottenere rapidità di azione, decisione mentale e capacità di cogliere le opportunità della vita. Dal peggiore terreno nascono i fiori più belli, come nella terra oppressa dalla povertà sono sbocciate le più belle rose dell'umanità.

In caso di difficoltà e condizioni sfavorevoli si possono esibire le migliori virtù. Se il nostro datore di lavoro è tirannico e ci tratta duramente, può esserci utile per il nostro allenamento: alla cattiveria del datore di lavoro rispondiamo con mitezza e compassione.

Devi praticare continuamente la virtù della pazienza e dell'autocontrollo.

Dallo svantaggio ricava forza mentale e spirituale e il tuo atteggiamento insegneranno al prepotente quanto vergognoso sia il suo modo di fare. Allo stesso tempo ti eleverai alla realizzazione spirituale che ti porterà in un ambiente ormai mutato, più congeniale.

Non lamentarti dicendo che sei uno schiavo, eleva te stesso!

Nobilitati, poniti al di sopra della schiavitù. Prima di dire che sei schiavo di qualcun altro, domandati se non sei schiavo di te stesso. Guardati dentro, indaga, e non avere pietà. Ci troverai probabilmente pensieri servili, desideri servili, e concluderai che tutta la tua vita quotidiana è fitta di abitudini servili. Smetti di essere tuo schiavo e nessuno ti schiavizzerà! Supera te stesso come sai superare le condizioni avverse e ogni ostacolo si sgretolerà ai tuoi piedi.

Non dire che sei oppresso dai ricchi. Credi sul serio che, qualora ti arricchissi, non saresti comunque oppresso? Ricorda che la Legge Eterna è assolutamente giusta e colui che opprime se stesso oggi, lo farà per sempre. Non c'è via di scampo. O forse in passato eri tu il ricco oppressore e oggi paghi il debito con la Grande Legge. Una ragione in più per non perdere la forza d'animo e la fede. Non perdere mai come obiettivo l'eterna giustizia, il bene eterno. Sforzati di porti al di sopra del personale e del transitorio, per volgerti all'impersonale e al permanente. Abbandona l'idea che ti abbiano ferito e oppresso e cerca di capire, con una profonda analisi di quello che sei, che l'unica persona che può davvero ferirci si trova dentro di noi.

Non esiste pratica più umiliante e distruttiva che commiserarsi. Estirpa questa infezione che soffoca il tuo cuore. Smetti di condannare il tuo prossimo e inizia a giudicarti. Non perdonare nessuno dei tuoi atti che non siano puri. Così costruirai la tua dimora sull'altura dell'Eterno e quanto necessario per la felicità giungerà al momento opportuno. Non si sfugge alla povertà o al malessere se si assume un atteggiamento egoista e negativo nel quotidiano.

La via per la ricchezza comincia col donare virtù alla nostra anima. Fuori dal cuore non esiste virtù né prosperità, soltanto delle forme apparenti. Sono d'accordo sul fatto che alcuni uomini senza virtù si siano arricchiti, ma questo non nega quanto detto finora, perché il denaro non è la vera ricchezza e il suo possesso febbricitante è solo transitorio.

Ecco la testimonianza di Davide nella Bibbia:

> "Poiché portavo invidia ai vanagloriosi vedendo la prosperità dei malvagi... I loro occhi escono fuori per il grasso e le immaginazioni perverse del loro cuore traboccano. Invano dunque ho purificato il mio cuore e ho lavato le mie mani nell'innocenza. Allora ho cercato di comprendere questo, ma la cosa mi è parsa molto difficile. Finché sono entrato nel santuario di Dio e ho considerato la fine di costoro."

La prosperità dei malvagi è stata la grande tentazione di Davide finché non è entrato nel santuario di Dio e da allora ogni tentativo di corruzione è cessato. Anche tu puoi accedere a quel luogo salvifico. Si trova dentro di te. È quello stato di coscienza che resiste mentre fuori tutto appare sordido, là dove ogni cosa si eleva e si realizzano i princìpi eterni e universali. È lo stato di coscienza di Dio, il santuario dell'Altissimo. Quando, dopo lunghe prove e autodisciplina, si giunge a varcare quella soglia, si percepiscono a mente libera i frutti del pensiero umano, sia nel bene che nel male.

D'ora in avanti non invidierai più un immorale che accumula le sue ricchezze, perché sai che tornerà certamente a nuova e degradante povertà. L'uomo ricco senza virtù è un pover'uomo. È alla deriva nel suo oceano di ricchezze, vaga al largo verso una cascata di miseria e sfortuna. E se anche dovesse morire ricco, pagherà l'amaro frutto della sua immoralità. Se il disonesto si arricchisce più volte, ogni volta dev'essere gettato nella miseria fino a che, maturata la giusta esperienza, non conquisti la povertà interiore. Ma chi è povero esteriormente ma è ricco di virtù, egli è ricco davvero, e benché ancora in difficoltà, il suo viaggio verso il successo è già cominciato.

Se si desidera una autentica e permanente prosperità è necessario prima che diventare una persona virtuosa. Perciò è ragionevole porsi come obiettivo primario il benessere a patto di sconfiggere ogni avidità.

Ossia, combattere se stessi.

Perfezionarsi aiuta a portare a termine la realizzazione dell'obiettivo, il raggiungimento a piene mani del bene supremo e immutabile. Desiderare ricchezza non per il proprio bene ma per il prossimo è la giusta soluzione. Se è questo il tuo vero obiettivo, vedrai che la ricchezza ti raggiungerà immancabilmente perché il ruolo perfetto a cui aspirare non è quello del proprietario ma è quello dell'amministratore.

Esamina bene la tua motivazione. Nella maggior parte dei casi quando si desidera del denaro e si dice di volerlo utilizzare per fare del bene, il vero motivo di fondo è il bisogno di popolarità e l'aspirazione a essere etichettati come filantropi. Se non fai del bene con quel poco che possiedi accresci il tuo egoismo e, se hai la tentazione di farlo, bada che non sia solo la voglia di autoincensarti.

Se davvero desideri fare del bene, non devi aspettare le risorse economiche, ma comincia ora, esattamente nella posizione in cui ti trovi. Se sei disinteressato come credi, dimostralo sacrificandoti per gli altri: adesso. Non importa quanto povero tu sia, pensa all'insegnamento del Vangelo di Marco: mentre tutti donavano qualche spicciolo, una povera vedova diede tutto quello che aveva, cioè due monetine. E Gesù disse:

"Questa vedova ha gettato nel tesoro più di tutti gli altri. Poiché tutti hanno dato del loro superfluo, essa invece, nella sua povertà, vi ha messo tutto quello che aveva, tutto quanto aveva per vivere."

Quando un cuore desidera veramente fare del bene non conta i suoi soldi ma va dritto all'altare del sacrificio e, tralasciando gli elementi superflui, si dona all'amico come al nemico, in perfetta beatitudine.

Ogni effetto è legato a una causa, perciò ogni bene è legato alla prosperità interiore e ogni male alla debolezza interiore. Il denaro non è autentica ricchezza, come non lo è una posizione o un potere conquistati. Chi si affida a questi falsi valori ha la stessa stabilità di chi percorre una salita piena di sapone. La tua vera ricchezza è la virtù, il potere è il suo uso appropriato.

Pulisci il tuo cuore e la tua vita cambierà. La lussuria, l'odio, la rabbia, la vanità, l'orgoglio, la cupidigia, l'eccesso di autostima, l'egoismo, l'ostinazione sono tutti prodotti della debolezza e della povertà mentre l'amore, la purezza, la dolcezza, l'umiltà, la compassione, la generosità, l'altruismo sono sintomo di ricchezza e potere. Appena gli elementi di povertà e debolezza vengono superati emerge un potere dal di dentro, e chi riesce a imporsi la più alta delle virtù avrà presto il mondo ai suoi piedi.

I ricchi incontrano condizioni indesiderate, esattamente come i poveri, e talvolta sono più lontani dalla felicità di chi non ha nulla. Vediamo allora che la felicità non dipende da fattori esterni o da un conto corrente, la felicità dipende solo dalla propria vita interiore.

C'era un uomo che aveva problemi con dei domestici sgarbati e quando pretendeva di dar loro consigli pratici, prima o poi questi abbandonavano l'impiego. Gradualmente quel tale cominciò a perdere la fiducia nella natura umana. Cercava di risolvere ogni problema, aumentava loro il salario e gli concedeva molte libertà. Ma le cose non cambiavano.

Il nodo del suo problema non stava nella servitù ma in lui. Guardandosi dentro con umiltà e sincerità avrebbe scoperto ed eliminato l'errore, trovando così la causa di tutta la sua infelicità. Talvolta un desiderio latente egoistico o anche un sospetto può farci comunicare in modo sgradevole verso gli altri, anche se in maniera mai esplicita, però comunque visibile dal prossimo.

Quel tizio avrebbe dovuto *pensare* ai suoi domestici con gentilezza e considerarli in grado di fare cose che lui non avrebbe saputo fare in casa propria, invece di considerarli come bambini a cui insegnare tutto. È rara e bella, di una bellezza divina, quella nobiltà d'animo che un uomo, dimentico della propria felicità, che cerca e vede la felicità nei suoi dipendenti. È una felicità decuplicata e di certo non spinge un uomo a lamentarsi dei suoi lavoratori.

Una volta, un famoso impresario, disse che non aveva alcun bisogno di licenziare i suoi operai perché: "Con loro ho un rapporto di totale armonia. Se vi domandate come faccia, posso solo dirvi che è stato il mio primo obiettivo e in quanto tale l'ho raggiunto." Ecco il segreto grazie al quale si possono raggiungere tutte le condizioni desiderabili. E tutto ciò che non è gradito, viene superato.

A chi mi dice che è solo e non ha nessun amico al mondo, io rispondo: ti prego, per il bene della tua felicità, non dare la colpa a nessuno se non a te stesso. Sii amichevole verso gli altri e vedrai come tutti vorranno esserti amici. Sii puro e amabile e sarai amato da tutti.

Qualunque siano le condizioni che rendono la tua vita difficile, puoi superarle, sviluppando dentro di te la forza innovatrice di autopurificazione e di autoconquista. Vivere la povertà con irritabilità o la ricchezza con ansia costituisce il buco nero della propria esistenza. Ma puoi superarlo, eliminando gli elementi egoistici che limitano la tua vita.

C'è una sola legge infallibile che ci permettere di farci travolgere dai pensieri negativi come ci permette di migliorare grazie ai pensieri positivi. Questo non vuol dire che un uomo (raccogliendo quello che ha seminato) deve perdere il denaro o una posizione, come non deve perdere la sua forza d'animo e la sua rettitudine. Ma chi non vuole disfarsi del proprio nemico, di nemici sarà circondato. Chi si affida a se stesso è il proprio salvatore ed è circondato di amici come da una cintura protettiva.

Lo splendore divino di un cuore puro mette in fuga le tenebre e chi ha conquistato l'aiuto di sé ha conquistato l'universo. Supera dunque la tua povertà interiore, esci dal tuo dolore, supera i tuoi problemi, i sospiri, i lamenti, la solitudine, esci da te stesso. Lascia che il vecchio abito a brandelli del tuo egoismo ti scivoli via di dosso, e vesti l'abito nuovo dell'amore universale. Raggiungerai il cielo interiore ed esso si rifletterà in tutta la tua vita esteriore.

Chi pone saldamente il suo piede sul sentiero dell'autoconquista, egli davvero cammina, aiutato dalla Fede, sulla strada della prosperità. E otterrà sicuramente massima prosperità, raccogliendo ricchezza, gioie ed eterna beatitudine.

Per coloro che cercano il bene supremo,
ogni cosa è utile verso sapienti cime;
niente ha aspetto infermo e la saggezza dona
Ali per ogni covata malriuscita.

Le Stelle sono velate di dolore,
in attesa di una lieta luce;
l'inferno attende il cielo e dopo la notte
giungono da lontano glorie dorate.

Le sconfitte sono gradini su cui saliamo
coi più nobili obiettivi;
la Perdita dà la Crescita, e la gioia attende
gli umili passi sulle colline del tempo.

Il dolore conduce a santità
A pensieri e azioni divine,
e alle nubi di tristezza i brillanti raggi
Doneranno il bacio elevato della vita.

La sfortuna rannuvola la via,
ma termina nel cielo di
un successo luminoso, baciato dal sole
Là dove si attende il nostro arrivo.

La pesante cappa di dubbi e paure
Offusca la valle delle nostre speranze,
ottunde il nostro spirito,
raccoglie le lacrime più amare.

Le angosce, le miserie, i dolori
I lividi dei legami spezzati
Sono solo gradini da superare
Per vivere con fede.

Amore, compassione, impegno, l'incontro
Col Pellegrino della Terra del Fato,
tutta la gloria è in arrivo
Per l'uomo che crede.

4
Il potere silenzioso del pensiero: controllare e dirigere le proprie forze

Le forze più potenti dell'universo sono le forze silenziose. Diventano benefiche se correttamente utilizzate o distruttive se erroneamente impiegate. È un concetto chiaro a tutti per quanto riguarda le forze meccaniche, dall'energia elettrica al vapore, eppure in pochi hanno ancora imparato ad applicare questa conoscenza al regno della mente, dove la forza-pensiero (la più potente di tutte) è costantemente messa in moto ma genera correnti sia di salvezza che di perdizione.

In questa fase evolutiva, l'uomo è entrato in possesso di tali forze, e il modo per goderne a pieno è accettarle. Tutta la sapienza possibile per l'uomo su questa terra si ottiene con la completa padronanza di sé e la frase

"Ama il tuo nemico"

non è che una spinta per entrare in possesso, qui e ora, di quella saggezza sublime afferrando quelle forze mentali.

Gli antichi profeti, con la loro perfetta conoscenza della Legge Suprema, collegano sempre gli eventi esterni al pensiero interiore, e associano i successi o i disastri nazionali ai pensieri e ai desideri che dominano le nazioni. La conoscenza del potere causale del pensiero è alla base di tutte le loro profezie, in quanto è alla base di ogni vera saggezza e potenza.

Gli eventi nazionali sono semplicemente l'elaborazione delle forze psichiche nazionali: le guerre, le pestilenze, le carestie sono l'incontro e lo scontro delle forze del pensiero contorte, là dove la distruzione diventa l'unica espressione della legge. È inesatto attribuire la guerra all'influenza umana. È lo spaventoso coronamento di un egoismo nazionale. Sono le forze del pensiero negative che si manifestano.

L'universo nasce dal pensiero. La materia, in ultima analisi, è il risultato del pensiero oggettivato. Tutte le azioni umane nascono nel pensiero e solo dopo vengono messe in atto. L'autore, l'inventore, l'architetto costruiscono il loro lavoro prima nel pensiero e dopo averlo perfezionato in ogni sua parte come un Tutto completo e armonioso gradualmente lo materializzano. Quando le forze del pensiero sono in armonia con la Legge allora sono preservate e in via di compimento, ma quando non c'è rispetto per la Legge, il risultato sarà sovvertito e autodistruttivo.

Per regolare tutti i tuoi pensieri, facendoli aderire a una fede incrollabile nell'onnipotenza e nella supremazia del Bene, devi cooperare con il Bene, così da realizzare dentro di te la soluzione che debelli ogni male. Credici e vedrai.

Ecco il vero significato della salvezza, la salvezza dalle tenebre e la negazione del male, che si può ricercare avendo assunto la viva luce del bene eterno.

Dove albergano la paura, la preoccupazione, l'ansia, i problemi, il dispiacere o la delusione albergano anche l'ignoranza e la mancanza di fede. Tutte queste condizioni mentali sono il risultato diretto dell'egoismo e si basano su una credenza inerente il potere e la supremazia del male. Costituiscono l'ateismo e diventare oggetto di queste condizioni negative distrugge l'anima e la mente. La sola salvezza è obbedire, non sfuggire a quelle leggi. Avere paura o preoccuparsi è un peccato come imprecare e bestemmiare, perché non si può avere paura se si crede davvero nella

Giustizia eterna, nel Bene onnipotente, nell'Amore senza confini. Dubitare è negare la propria fede. Il fallimento prende vita da questi stati d'animo, perché rappresentano l'annullamento e la disintegrazione dei valori positivi. Per superare tali condizioni si deve cessare di essere schiavi e diventare maestri. Il solo modo perché ciò avvenga è una costante crescita interiore. Negare mentalmente il male è insufficiente, si deve invece, con la pratica quotidiana, elevarsi al di sopra di esso. Per affermare mentalmente il bene non è sufficiente lo sforzo discontinuo: la passione deve essere incrollabile, solo così si può accedere alla comprensione totale.

La pratica dell'autocontrollo porta rapidamente alla coscienza delle proprie forze interiori di pensiero e, successivamente, conduce all'acquisizione di quel potere che permette di impiegarle correttamente.

Quando si è padroni di se stessi si possono controllare meglio le proprie forze mentali, invece di essere controllati da esse.

In questo modo potrai padroneggiare le circostanze esteriori. Mostrami un uomo che distrugge tutto quello che tocca, che non sa mantenere il successo anche quando lo ha appena conquistato, e io ti mostrerò un uomo che abita in condizioni mentali negative. Vivere nelle paludi del dubbio, nelle sabbie mobili della paura, corroso da incessanti tempeste di ansia vuol dire essere schiavo e vivere da schiavo anche se il successo non fa che bussare alla porta. Un uomo simile, senza fede e autocontrollo, è incapace di condurre i suoi affari ed è schiavo delle circostanze, vale a dire è schiavo di se stesso.

Ma chi vive nell'afflizione può passare dalla debolezza alla forza tramite un'esperienza, anche amara. Basta che nutra la fede e abbia come finalità un obiettivo che dia forza alla sua vita. Non esistono ostacoli per la fede e la determinazione. Con l'esercizio quotidiano della fede silenziosa, le forze del pensiero si riuniscono e da questa pratica svolta nel pieno silenzio le forze si dirigono verso l'obiettivo da realizzare. Qualunque sia la tua posizione nella vita, prima di sperare in un successo qualsiasi è necessario che tu impari a concentrare le tue forze del pensiero coltivando la calma e il riposo.

Forse sei un uomo d'affari a cui delle difficoltà improvvise paiono dei grossi macigni pronti a distruggere tutta la tua carriera. Se coltivi paura e ansia, il tuo spirito scomparirà. Continuare con questo stato mentale potrebbe essere fatale, perché quando l'ansia sopraggiunge scompare immediatamente il giudizio razionale.

Ora, se vuoi approfittare di un'ora tranquilla al mattino, o alla sera, e appartarti in un luogo riservato, magari in una stanza in cui non può disturbarti nessuno, potrai finalmente concentrarti su di te. Sistemati in una posizione comoda e rilassante che ti permetta di ripulire la mente dall'ansia e di riempirla con piacevoli immagini, con qualcosa che ti doni serenità. L'ansia gradualmente si dissolverà. Subito dopo, richiama all'attenzione il motivo che ti preoccupa e, rilassato, concentrati con tutta la mente sulla soluzione del problema. Quello che in preda all'ansia ti sembrava un ostacolo insormontabile, ora è un problema facilmente risolvibile.

È probabile che ti serva molta pratica per controllare perfettamente il tuo atteggiamento mentale, ma con la costanza e la perseveranza ce la potrai fare.

Senza dubbio non appena si rientra nella routine giornaliera le preoccupazioni cercheranno di insinuarsi nuovamente per dominarti, l'importante sarà respingere ogni pensiero negativo. Devi lasciarti guidare totalmente dalla calma, non dalle tenebre dell'ansia.

L'ora di calma quotidiana sarà un momento di illuminazione e razionalità. Con questo metodo le forze del pensiero un tempo divise potranno riunirsi e, come un raggio di sole, far luce sul tuo problema. Non è una cosa difficile, benché immensa, e produrrà dapprima una potente concentrazione del pensiero e successivamente ti permetterà di realizzare ogni desiderio positivo.

Solo dopo aver indagato a fondo la tua natura interiore, e sconfitto i tanti nemici che vi si annidano, potrai avere una vaga concezione del sottile potere del pensiero, del suo rapporto inscindibile con le cose esteriori e materiali, della sua straordinaria efficacia se usata con correttezza e nella giusta direzione. Ogni pensiero che concepisci è una forza che si attiva e, in accordo con la sua natura e intensità, va alla ricerca di menti ricettive, e incide su di te nel bene o nel male. C'è un'incessante reciprocità fra mente e mente, un continuo scambio tra forze del pensiero. I pensieri egoistici e sgradevoli sono forze maligne e distruttive, messaggeri del male, inviati per stimolare il male nelle altre menti, che a loro volta lo inviano verso di te con un effetto potenziato. I pensieri di calma, purezza e altruismo sono messaggeri angelici inviati nel mondo per donare salute, guarigione e beatitudine, contrastando le forze del male.

Pensa positivo e la tua vita esteriore migliorerà. Controlla le forze della tua anima e sarai in grado di modellare la vita come più ti piace. Questa è la differenza fra un salvatore e un peccatore: il primo ha un controllo totale sulla sua forza interiore, il secondo è ricattato da essa. Non c'è assolutamente altro modo per ottenere potere e pace se non l'autocontrollo, l'autostima, l'autopurificazione. Essere in balìa della propria impotenza dà infelicità e ci fa sentire inutili nel mondo.

Il tuo compito è eliminare la rabbia, il sospetto, i capricciosi cambiamenti d'umore, la gelosia e tutti gli stati d'animo che ti governano per tessere fili d'oro di felicità e prosperità nella rete della vita.

Se dipendi dagli umori interiori, dipenderai sempre dagli altri. Se però vuoi camminare nel sentiero della vita con fermezza e decisione, devi imparare a controllare quelle fastidiose e ingombranti emozioni.

È necessario praticare ogni giorno il cosiddetto esercizio "del silenzio". È un metodo di sostituzione del pensiero inquieto con un altro di pace, di un pensiero di debolezza con uno di forza. Finché non riesci a farlo non puoi sperare di dirigere le tue forze mentali sui problemi e con qualsiasi misura apprezzabile di successo.

Il processo consiste nel far confluire le proprie forze mentali in un canale potente. Proprio come una sterile palude può essere convertita in un campo di grano dorato o in un giardino, così chi acquista la calma e dirige le forze dei pensieri dentro di sé salva la sua anima e rende fruttuosi il cuore e la sua vita.

Se riesci a controllare gli impulsi e i pensieri, inizierai a sentire un nuovo silenzioso potere crescerti dentro e una costante sensazione di forza permarrà in te. I tuoi poteri latenti inizieranno a rinvigorirsi e saranno in grado di lavorare sulla fiducia necessaria a ottenere il successo.

Insieme a questo nuovo potere, dentro te si sveglierà quell'illuminazione detta "intuizione" che ti permetterà di camminare non più nelle tenebre e nel rischio, ma nella luce della certezza. Con lo sviluppo di questa visione dell'anima, il giudizio mentale aumenterà prodigiosamente e in te si evolverà una visione profetica che mostrerà in anticipo i risultati degli straordinari sforzi che starai facendo.

In proporzione al cambiamento interno il tuo futuro cambierà, perché modificando il tuo atteggiamento mentale nei confronti degli altri migliorerà anche il loro rapporto nei tuoi confronti. Quando ti elevi al di sopra delle forze del pensiero negativo, entri in contatto con le correnti positive di pensiero generate dalle menti più forti e la tua felicità sarà immensamente intensificata. Allora si manifesteranno la gioia, la forza e il potere, che si ottengono solo con la padronanza di sé. Questa gioia, questa forza e questo potere saranno da te irradiate costantemente, e senza alcuno sforzo. Anzi, non te ne renderai neppure conto. Improvvisamente le migliori persone ti verranno incontro, saprai influenzarle, influenzerai tutto il mondo circostante.

"I nemici di un uomo sono quelli che ha in casa."

Chi vuole essere utile, forte e felice deve smettere di essere un ricettacolo passivo di negatività e impurità e deve comandare, come fa il saggio padrone di casa per ristabilire l'ordine degli ospiti indisciplinati.

Dobbiamo imparare a comandare i nostri desideri e affermare con autorità quali sono ammessi nella nostra mente e quali devono stare fuori. Anche un successo parziale nella padronanza di sé aggiunge tanto al proprio potere, e chi riesce a perfezionare questa realizzazione divina entra in possesso di un'inimmaginabile sapienza e forza interiore, e si rende conto che tutte le forze dell'universo vegliano sui passi di chi è padrone della propria anima.

Vorresti scalare il più alto dei cieli
Vorresti percorrere il più basso degli inferni
Vivi in sogni di costante bellezza
O abita i più bassi dei pensieri.

In alto i tuoi pensieri sono il paradiso
In basso i tuoi pensieri sono l'inferno
La beatitudine non esiste, se non nel pensiero
Il pensiero soltanto, conosce il tormento.

I mondi nel pensiero svanirebbero
Nei sogni non esiste gloria
E il dramma dei tempi
Sgorga dai flussi del Pensiero Eterno.

Dignità, vergogna, dolore,
pena e angoscia, odio e amore
Sono maschere del potente
Pensiero pulsante che sul Fato incide.

Come i colori dell'arcobaleno
Stendono un unico fascio arcuato,
così i cambiamenti universali
Rendono l'Uno il Sogno Eterno.

E il Sogno è dentro di te
E il Sognatore attende ancora
Per il Mattino che lo risveglia
Per il pensiero vivo e potente.

Questo crea il vero ideale
Dissolve i sogni infernali

Nel più alto e sacro dei cieli
Dove il sacro e il puro dimorano.

Il male è il pensiero che lo pensa
Il bene è il pensiero che lo manifesta
La luce e la tenebra, il peccato e la purezza
Vivono tutti nel solo pensiero.

È nel pensiero l'Altissimo
E l'Altissimo potrai incontrare.
Fissa la tua mente sempre più in alto
E sempre più in alto andrai.

5
Il segreto della salute, del successo e del potere

Ricordiamo tutti con quale gioia da bambini, senza mai stancarci, ascoltavamo le fiabe. Come abbiamo seguito entusiasti le vicende dell'eroe o dell'eroina sempre tormentati da una strega, da un gigante o da un re malvagio. E nei nostri piccoli cuori non abbiamo mai dubitato che ce l'avrebbero fatta, perché sapevamo che le fate buone non li avrebbero mai abbandonati. E che gioia quando la Regina delle Fate giungeva al momento giusto per ristabilire la giustizia, fino all'inevitabile "e vissero felici e contenti".

Col passare degli anni e una sempre maggiore conoscenza della cosiddetta "realtà" della vita, il mondo delle fate si è dissolto e i suoi abitanti meravigliosi sono stati relegati, negli archivi della memoria, alla sfera del fantastico e del tenebroso.

Abbiamo creduto di essere particolarmente saggi e forti lasciandoci alle spalle quei sogni infantili, ma non appena torniamo puri come bambini nel meraviglioso mondo della saggezza, guardando nuovamente ai sogni ispiratori dell'infanzia ci accorgiamo che sono, dopo tutto, molto vicini alla realtà.

Il popolo delle fate, così piccolo e spesso invisibile ma in possesso di un potere magico incredibile che elargisce salute, ricchezza, felicità e tutti i frutti della natura non è poi lontano dalla realtà e resta vivo nell'animo di colui che è entrato in contatto con il potere del pensiero e delle leggi che regolano il mondo esteriore dell'essere. Per costui le fate sono quei messaggeri che vivono in armonia con la fabbrica del potere positivo. E chi, giorno dopo giorno, cerca di armonizzare il proprio cuore con il Bene Supremo, come in una fiaba acquisisce salute, ricchezza e felicità.

Non esiste difesa comparabile con la bontà. Con "bontà" non intendo una mera conformità alle regole morali, intendo semmai il pensiero puro, la nobile aspirazione, l'amore disinteressato e la libertà dalla vanagloria.

Per vivere immersi in un costante pensiero positivo si deve creare attorno a sé un clima psicologico all'insegna della dolcezza. Così facendo si attiva un potere che lascia la sua impronta su chiunque entri in contatto con esso.

Il sole con i suoi raggi va a caccia di ombre, come pure le forze del male sono messe in fuga dai potenti raggi del pensiero positivo che risplende da un cuore vigoroso di purezza e di fede. Dove c'è fede incrollabile e una purezza senza compromessi c'è salute, successo e potere. Di certo non si trovano il fallimento, il disastro e la malattia, perché non avrebbero di che nutrirsi.

Anche le condizioni fisiche sono in gran parte determinate da stati mentali e il mondo scientifico si sta concentrando molto su questo aspetto. Il vecchio modo di pensare materialista crede che un uomo è ciò che il corpo fa di lui, ma per fortuna queste posizioni stanno passando di moda, sostituite dalla convinzione che l'uomo è superiore al suo corpo e che questa superiorità sia il risultato del suo modo di pensare. Gli uomini di tutto il mondo stanno abbandonando l'idea che un uomo sia disperato perché soffre fisicamente e stanno cominciando a capire che semmai soffre fisicamente perché è disperato. In futuro si capirà che ogni malattia ha origine nella mente umana. Nell'universo non c'è il male, la sua radice sta nella mente umana e il peccato, la malattia, il dolore, l'afflizione non appartengono all'ordine universale né alla natura, ma sono diretta conseguenza della nostra ignoranza sulla giusta relazione tra le cose.

In accordo con la tradizione, esisteva in India una scuola di filosofi che hanno condotto una vita di totale purezza, giungendo all'età di centocinquant'anni. Per loro ammalarsi era qualcosa di cui vergognarsi, una violazione della legge.

Dobbiamo renderci conto che la malattia, lungi dall'essere la rivalsa di un Dio offeso, è il risultato del nostro errore e prima lo capiremo prima percorreremo la strada della salute. La malattia raggiunge chi la attira a sé ed è respinta da chi ha un atteggiamento mentale positivo. Se il tuo stato d'animo è disarmonico e in balìa della rabbia, della preoccupazione, della gelosia, dell'avidità e pretendi pure una salute di ferro, avrai una grossa delusione: raccoglierai soltanto i semi di malattia gettati dalla tua mente. Si tratta di condizioni accuratamente evitate dall'uomo o dalla donna saggi, come e ancor di più di una casa contaminata. Se vuoi liberarti di tutti i dolori fisici e godere di una perfetta armonia fisica, riordina la tua mente e dona armonia ai tuoi pensieri.

Pensa positivo.

Devi produrre pensieri d'amore, così che questo elisir ti scorra nelle vene e vedrai che il tuo fisico non avrà necessità di altri farmaci. Liberati di ogni gelosia, sospetto, preoccupazione, odio e scompariranno l'affanno, il nervosismo, i dolori alle articolazioni. Se ti ostini a conservare queste brutte abitudini non lamentarti se il tuo corpo ne paga tutte le conseguenze.

La seguente storia è utile per comprendere lo stretto rapporto fra le abitudini mentali e le condizioni del corpo.

Un tale era afflitto da una malattia dolorosa. Consultò molti medici, ma senza risultati. Si recò in tutte le città famose per le loro acque curative ma, dopo le abluzioni, i dolori addirittura aumentavano.

Una notte sognò una Presenza che gli diceva: "Fratello, hai tentato tutti i possibili metodi per curarti?". Lui rispondeva: "Ho provato tutto." "No," replicava la Presenza, "vieni con me e ti mostrerò un bagno curativo che ti è sfuggito." Il pover'uomo veniva condotto a una pozza di acqua limpida e qui la Presenza sentenziava: "Immergiti e guarirai." Detto questo, quella Presenza scompariva. L'uomo fiducioso si immergeva e... la malattia lo abbandonava istantaneamente. Voltandosi vedeva una scritta sul bordo della vasca che diceva "Rinuncia". Al suo risveglio il significato di quel sogno gli balenò in mente e guardandosi allo specchio comprese che la sua condotta immorale era l'unica causa del suo stato di malattia. Decise perciò che da quel momento vi avrebbe rinunciato per sempre. La malattia, in accordo alla sua nuova condotta, scemò gradualmente fino a che non scomparve del tutto.

Molte persone si lamentano che il lavoro rovina loro la salute. Nella maggior parte dei casi ciò accade perché sprecano stupidamente le loro energie. Chi vuole davvero preservare la propria salute deve imparare a lavorare senza traumi. Essere ansiosi o sovreccitati o eccessivamente preoccupati per i dettagli porta a commettere errori. Il lavoro, sia fisico che mentale, è necessario e salutare, e chi può lavorare con una persistenza costante e tranquilla, libero da ogni ansia e preoccupazione, con la mente concentrata al punto giusto non solo realizza molto di più di chi è ansioso ma mantiene anche intatta la sua salute.

Il vero successo si accompagna con la vera salute, perché nel regno del pensiero successo e salute sono inseparabili. L'armonia mentale produce un corpo salutare e anche il corpo, di conseguenza, lavorerà con armonia.

Metti in ordine i tuoi pensieri e avrai messo in ordine la tua vita. Versa l'olio della tranquillità sulle acque turbolente delle passioni e dei pregiudizi e le tempeste di sventura saranno rese impotenti, non riusciranno a far naufragare la nave della tua anima. La quale attraverserà serena l'oceano della tua vita.

Se al timone ci sarà una fede allegra e tenace, il suo viaggio sarà doppiamente sicuro ed essa affronterà indenne i pericoli del mare. Con la forza della fede ogni opera permane e diventa duratura. La fede nel Supremo, la fede nella Legge, la fede nel tuo lavoro e nelle tue capacità di compiere quel lavoro: ecco la roccia su cui è necessario costruire per restare sempre in piedi. Poi, in ogni circostanza, i suggerimenti più alti li troverai dentro di te.

Rivolgiti con onestà al tuo sé divino, fai valere la tua Luce interiore, la tua voce interiore, e persegui il tuo scopo con cuore impavido e sereno. Il futuro ti ricompenserà per ogni pensiero e sforzo. Le leggi dell'universo non falliscono mai e ciò che sei sarai: è matematico. È la fede. Con una fede simile le tenebrose acque dell'incertezza si divideranno, si sgretolerà ogni montagna di difficoltà e l'anima fedele passerà incolume dall'altra parte.

Più di ogni altra cosa sforzati, lettrice o lettore, di acquisire il possesso inestimabile di questa fede coraggiosa, perché è il talismano della felicità e del successo, della pace e del potere, di tutto ciò che rende la vita grande e insensibile alla sofferenza. Con una simile fede edificherai sulla roccia dell'Eterno, con materiali indistruttibili, una roccaforte che resisterà a qualsiasi accumulo di beni e ricchezze che, al contrario, si polverizzeranno col tempo. Sia che tu venga scagliato nelle profondità del dolore o sollevato sulle alture della gioia, non abbandonare questa fede che regge le fondamenta del tuo rifugio, e tieni i piedi ben piantati sulla sua superficie.

Sarai un combattente imbattibile e le forze del male si frantumeranno come frammenti di vetro nel cercare di colpirti.

> "Se aveste fede e non dubitaste, se anche diceste a questo monte: togliti di là e gettati nel mare, sarebbe fatto." (Matteo 21:21)

Uomini e donne, oggi, hanno fatto del proprio corpo un tabernacolo, realizzando la fede e vivendo in essa e da essa giorno per giorno. Dopo averla sperimentata, hanno conosciuto la sua gloria e la sua pace. Hanno detto la parola d'ordine e le montagne del dolore, della delusione e della stanchezza mentale sono state gettate nel mare dell'oblio. Se si entra in possesso di questa fede non si avrà più bisogno di penare per il fallimento, il successo avverrà.

Non avrai bisogno di preoccuparti per i risultati: lavorando con gioia e in pace, con i pensieri onesti e gli sforzi giusti guadagnerai inevitabilmente i migliori traguardi. Conosco una signora che ha trovato il suo equilibrio e un amico, recentemente, le ha detto: «Come sei stata fortunata!». Spesso le cose appaiono così, in superficie. Ma in realtà la beatitudine che quella donna ha ottenuto è il risultato diretto di un suo stato interiore che ha coltivato per tutta la vita.

I semplici desideri non portano a niente, lasciatelo dire. Lo sciocco desidera ma passa il tempo a lamentarsi e borbottare, il saggio lavora e aspetta. E questa donna non è stata con le mani in mano, ha lavorato dentro e fuori, soprattutto col cuore e l'anima, con le mani invisibili dello spirito, con le pietre preziose di fede, di speranza e di gioia. Un tempio di luce si è eretto splendente attorno a lei. È raggiante il suo sguardo, brilla il suo viso, vibra la sua voce e in sua presenza tutti sono ammaliati dal suo incantesimo.

Com'è accaduto a lei, può accadere a te. Il tuo successo, il tuo fallimento, la tua influenza, la tua intera vita scorrono con te, in base alla tendenza dei tuoi pensieri, fattori determinanti del tuo destino.

Elargisci pensieri d'amore cristallini e la benedizione cadrà su di te. Il tuo banchetto sarà ricoperto dal telo della pace. Invia pensieri di odio, impurità e tristezza e pioveranno su di te malanni e maledizioni. Perché sei tu l'incondizionato fautore del tuo destino. In ogni momento stai inviando delle energie che influenzeranno, rovinando o salvando, la tua vita.

Lascia quindi che il tuo cuore sia amorevole, disinteressato e grande sarà la tua influenza sul tuo futuro successo. Se guadagni pochi soldi, ridimensiona la loro importanza, fa' in modo che non diventino mai i protagonisti dei tuoi pensieri perché, anche se diventi milionario, il loro significato sarà sempre secondario. Coltiva dunque questo spirito disinteressato e puro. Unito alla fede ti renderà ricco non di effimero denaro, ma di grandezza e di durevole potere. Se non ti piace la tua posizione attuale e il tuo cuore non si ritrova nel tuo posto di lavoro, svolgi comunque il tuo compito scrupolosamente e conserva nella mente il desiderio di migliorarti. Arriverà un momento in cui si presenterà una nuova occasione: non dovrai fare altro che un piccolo sforzo per coglierla al volo, gettarti nell'impresa con la mente preparata e con quell'intelligenza e quella lungimiranza che solo la disciplina mentale può darti.

Qualunque sia la tua attività, concentra tutta la mente e sfodera tutta l'energia di cui sei capace. Il compimento di piccoli lavori porta inevitabilmente a lavori più grandi.

Fai in modo che sia una salita costante e non cadere mai. Qui sta il segreto della reale potenza.

Scopri, esercitandoti con la pratica, come conservare le risorse e come concentrarti su un punto da cui partire. Gli sciocchi sprecano tutta la loro energia mentale in frivolezze e chiacchiere che interessano solo a se stessi, o in inutili eccessi fisici.

Se vorrai imparare e controllare il potere devi coltivare il giusto equilibrio e la pazienza. Devi imparare a stare da solo. Tutto il potere è associato all'immobilità. La montagna, la roccia massiccia ci infondono l'idea di potere, grazie alla loro grandezza unita alla fissità e al loro essere solitarie. Al contrario, la sabbia indica mobilità, insicurezza, cedimento, come una canna mossa dal vento o un ramoscello colpito dalla tempesta. Sono tutti segni di debolezza e, se separati dai loro simili, sono del tutto inutili.

È uomo o donna di potere chi, mentre tutti si fanno condizionare da qualche emozione o passione, resta calmo e impassibile. Lui o lei solo sono dotati di leadership, perché sanno comandare prima di tutto se stessi. L'isterico, il pauroso, lo spensierato o il distratto hanno bisogno di stare con qualcun altro perché mancano di un proprio sostegno. Ma chi è dotato di calma, coraggio, attitudine al pensiero salirà sulla montagna in cerca di solitudine, o nel deserto o in una foresta, alla scoperta del proprio potere. Sarà sempre più incline al successo, in grado di arginare le correnti psichiche e i vortici che inghiottono l'umanità.

L'emozione non è potere, è abuso di potere, è la sua dispersione. La passione è come una tempesta feroce mentre il potere è la roccia, monumentale e solida, che nessuna tempesta può buttare giù.

È stata una dimostrazione di vera potenza quella di Martin Lutero che, ignorando le preoccupazioni dei suoi amici riguardo un pericoloso viaggio a Worms, disse loro: "Se a Worms ci sono tanti demoni quante tegole su un tetto, allora ci vado." E quando Benjamin Disraeli tenne il suo primo discorso in parlamento e si inceppò, tutta la Camera rise di lui ma, in un lampo, egli fece capire quale potere conteneva dentro sé. Aggiunse infatti: "Verrà il giorno che ascoltarmi per voi sarà un onore."

Ho conosciuto un ragazzo che veniva preso in giro dai suoi amici per le alterne sfortune che lo perseguitavano. Gli dicevano di non tentare più la fortuna ma la sua risposta decisa fu: "Fra non molto avrò successo e ammirerete la mia buona volontà." Mostrò infatti loro quale potere silenzioso e irresistibile deteneva, e la sua vita è stata coronata da un vero successo.

Se non hai un simile potere, puoi sempre conquistarlo con la pratica. L'inizio del potere coincide con l'inizio della saggezza. Devi riuscire a superare le futilità di cui sei stato involontaria vittima fino a ora. Le risate chiassose e fuori controllo, i commenti sgradevoli, le chiacchiere sterili o le battute continue, ecco, tutte queste cose vanno messe da parte. Sono perdita di energia preziosa.

San Paolo dice:

> "Scherzare e parlare da sciocchi non è conveniente."

Una pratica simile distrugge tutto il potere spirituale e vitale. Non appena inizi a renderti impermeabile a simili dissipazioni mentali, comincerai a capire cosa sia il vero potere e inizierai quindi a confrontarti con i desideri e gli appetiti meno nobili che tengono l'anima in schiavitù, che cercano di sbarrarti la strada, e potrai capire meglio come eliminarli. Soprattutto devi focalizzarti su un solo desiderio, uno scopo legittimo e utile a cui poterti dedicare senza riserve. Non devi sovrapporlo ad altri desideri, ricorda sempre che chi vuole tenere un piede in due staffe è sempre instabile.

Mostrati disposto a imparare, ad avere grande coscienza del tuo lavoro e segui come guida quella voce interna infallibile, per poter passare da una vittoria a un'altra, per salire sempre più in alto verso i luoghi della calma. La tua visione si amplierà gradualmente e ti rivelerà la bellezza essenziale e il vero scopo della vita.

Cerca la purezza e la salute sarà tua. Cerca la fede e il successo sarà tuo. Cerca l'autocontrollo e il potere sarà tuo. Tutto ciò che farai prospererà, smetterai la schiavitù del pensiero negativo e sarai in armonia con la Grande Legge. Non lavorerai più contro qualcosa ma *con*. Con la vita universale. Con il Bene Eterno.

La salute non ti abbandonerà. Il successo sarà incalcolabile da una mente umana e non tramonterà mai. L'influenza sugli altri, il potere che esercitiamo, aumenterà nel corso dei secoli, parte integrante del Principio immutabile che regge l'universo.

Questo dunque è il segreto della salute: un cuore puro, una mente purificata, una fede incrollabile e uno scopo saggio da raggiungere.

Per tenere a freno, con incrollabile volontà, l'oscuro destriero del desiderio: ecco il segreto del potere.

Ogni via attende di essere percorsa
La luce, il buio, i vivi e i morti
La strada è larga e stretta, alta e bassa
Buona e cattiva, e con passo lesto o lento
Posso ora scegliere e lo farò.
Troverò, camminando, cosa è bene, cosa è male.

I miei piedi incontrano cose buone e no
Se io però vengo, lindo

Verso la via stretta, alta e sacra
Con cuore puro e in essa rimango
Cammino lontano da chi mi disprezza
Verso prati fioriti, sul percorso spinato.

E posso restare dove salute, successo e potere
Aspettano me, se, a ogni effimera ora,
mi affido all'amore, alla pazienza, al rispetto
Con fermezza. E non mi allontanerò mai
Dall'integrità, così da vedere infine
La terrà dell'immortalità.

E posso cercare e trovare, raggiungere
Non pretendere, perdere ma
Ritrovare, le orme della legge. Devo inchinarmi
Al cospetto della legge, se voglio la fine
Delle mie pene, se voglio ritrovare
L'anima lucente e la vita, e non piangere più.

Non pesterò i piedi per le cose buone,
cercherò l'obiettivo tra i più umili
Per cercare e trovare, per sapere e capire
La sapienza del sacro passo.
Non ho pretese né ordini da fare
Quel che ho è sete di sapere, sete di capire.

6
Il segreto di un'abbondante felicità

Grande è la sete di felicità ma altrettanto grande è la mancanza di felicità. La maggior parte dei poveri aspira a diventare ricco, illusa che il possesso dei soldi possa garantire una felicità suprema e duratura. Ma molte persone ricche, dopo aver sfogato gli istinti materiali, sono più sole e tristi di chi non ha niente.

Se riflettiamo su questo stato di cose alla fine capiremo che la felicità non dipende dal possesso di effimeri beni esteriori, come la miseria non dipende dalla loro mancanza, perché se così fosse i poveri sarebbero sempre persone tristissime e i ricchi persone felicissime. Invece spesso è il contrario.

Le persone più insoddisfatte che ho conosciuto erano circondate di grandi ricchezze mentre alcune tra le più brillanti possedevano appena lo stretto necessario per vivere. Molti hanno accumulato ricchezze confessando poi che la gratificazione egoistica ha strappato loro la dolcezza della vita e che, sì, da poveri erano molto più felici.

Cos'è allora la felicità? E come ottenerla? È un'illusione? Chiunque, a eccezione dei veri saggi, crede che la felicità si ottenga con la gratificazione del desiderio. Questa convinzione, radicata nel terreno dell'ignoranza e alimentata dall'egoismo, è la causa di tutta la miseria del mondo.

Quando parlo di desiderio non mi riferisco agli istinti bestiali e grossolani, ma alla sfera psichica superiore, dove voglie più raffinate e sottili, ma anche più insidiose, tengono in schiavitù l'intelligenza privandola di tutta la bellezza e di tutta la purezza dell'anima, di cui la felicità è la somma espressione. La maggior parte delle persone ammette che l'egoismo è la causa dell'infelicità del mondo, eppure lo dice come se fosse priva di quel sentimento.

Quando si sarà disposti ad ammettere che l'infelicità è il risultato del *proprio* egoismo, le porte del paradiso saranno più vicine. Ma se si insiste col dire che gli egoisti sono gli *altri*, sarà dura uscire dal limbo.

La felicità è quello stato interiore di soddisfazione perfetta, gioia e pace insieme, dove il desiderio è completamente scomparso. La soddisfazione che deriva dal desiderio appagato è illusoria, perché ne segue sempre una nuova domanda di gratificazione. Il desiderio è insaziabile come l'oceano e le sue richieste sono infinite. Chi ne è schiavo soffre di angoscia fisica e mentale, perché il desiderio è una regione infernale e in essa si concentrano tutti i tormenti.

La rinuncia del desiderio è la realizzazione del paradiso e qui attendono tutte le delizie del pellegrino:

> *Ho inviato l'anima all'invisibile,*
> *Come una lettera dopo la vita*
> *Poi è tornata e mi ha sussurrato*
> *Che sono io, il paradiso e l'inferno.*

Paradiso e inferno sono stati interiori. Sprofonda nel tuo sé e nelle sue gratificazioni e sprofonderai in un inferno, innalzati al di sopra di te stesso e in quello stato di coscienza che è la pace assoluta e l'appagamento spirituale, ed entrerai in paradiso.

Il nostro sé è cieco, senza giudizio, non possiede la vera conoscenza e conduce sempre alla sofferenza. La corretta percezione, il giudizio imparziale e il vero sapere appartengono allo stato divino e solo nella misura in cui ci si rende conto di questa coscienza divina si può capire cosa sia la felicità reale. Finché persisti egoisticamente a pensare alla tua felicità personale la felicità ti sfuggirà, e ciò che seminerai saranno semi di miseria. Se ti dedicherai con gentilezza al tuo prossimo la ricompensa sarà una felicità assicurata e raccoglierai i frutti della beatitudine.

È nell'amare, non nell'essere amati,
che il cuore è benedetto.
È nel dare, non nel prendere,
la nostra felicità.

Qualunque cosa desideri o ti serve
È ciò che dai
Sarà il cibo per la tua anima, e tu
Potrai vivere davvero.

Affidati al tuo ego soltanto e vivrai nella sofferenza. Abbandonalo e troverai la pace. La ricerca dell'autoappagamento non solo ti condanna alla perdita della felicità ma anche della sua fonte. Guarda come il goloso cerca costantemente nuovi dolci per alimentare il suo appetito insaziabile e come, gonfio e malato, alla fine mangia più per abitudine che per piacere. Chi ha davvero appetito non pensa al sapore del cibo e trova piacere anche nei pasti più semplici.

Quella felicità angelica che gli uomini, guardando con gli occhi dell'ego, immaginano di vedere nel desiderio gratificato non è altro che lo spettro della miseria.

"Chi cerca la propria vita la perderà, chi avrà perduto la sua vita la troverà."

La felicità duratura ti verrà incontro quando, abbandonato ogni intento egoistico, sarai disposto alla rinuncia. Quando sarai disposto a perdere, senza riserve, tutta la zavorra, sarà in realtà un guadagno e non una privazione come fino a oggi hai sempre pensato.

Dare per ricevere, su questo non esistono dubbi. È la Via verso la Vita.

Com'è possibile trovare la felicità reale con degli atti che, per loro natura, ci impoveriscono? La felicità reale può essere trovata soltanto concentrandoci su ciò che è eterno, non sulle cose effimere.

Elevati dunque al di sopra dei desideri e delle cose mortali ed entrerai in contatto con la coscienza dell'Eterno. Più ti allontanerai dal sé con spirito di sacrificio e più ti avvicinerai all'Amore universale. Il cuore che ha incontrato il totale oblio di sé nell'amore verso il prossimo non solo è entrato in possesso della felicità altissima ma è andato incontro all'immortalità perché è realizzazione del Divino.

Guarda al tuo passato e ti accorgerai che i momenti felici sono quei pochi istanti in cui hai pronunciato parole d'affetto o hai commesso gesti di benevolenza verso gli altri. Dal punto di vista spirituale, armonia e felicità non sono che sinonimi.

L'armonia è una fase della Grande Legge spirituale la cui espressione è l'amore. L'egoismo è sempre disarmonia e l'egoista è impossibilitato a entrare in contatto con l'ordine Divino.

Quando ci rendiamo conto che l'amore che tutto unisce è la negazione del sé, dell'ego, entriamo in sintonia con la musica divina, la canzone universale, e quell'ineffabile melodia che è la vera nostra felicità.

Uomini e donne si agitano alla ricerca di una gioia che non riescono a trovare, e mai ci riusciranno finché non vorranno riconoscere come la felicità sia già dentro di loro.

Ho inseguito la Felicità per farla mia
Oltre la quercia torreggiante, l'edera oscillante
Fuggiva, e io appresso a lei, per monti e valli
Campi e prati, sulla vallata porporina
Correvo oltre il torrente impetuoso
Salivo le scogliere vertiginose, tra i gridi dell'aquila
Attraversavo ogni paese con passo veloce
Ma la felicità sempre mi sfuggiva.

Esausto, barcollante, mi sono arreso
Seduto a riposare su una spiaggia arida
Un tale si è appressato, affamato
Un altro ha chiesto un soldo per campare
Ho messo il pane e le monete nelle loro mani

Uno è venuto per simpatia e uno per il resto
Ho dato a tutti quello che avevo
E a un tratto, eccola! La Felicità, divina e dolce
Mi sedeva accanto, sussurrando: sono tua.

Questi bei versi di Burleigh esprimono il segreto di ogni abbondante felicità. Sacrifica il personale e il transitorio e salirai subito nell'impersonale e nell'eterno. Rinuncia al tuo sé odioso e misero che cerca di piegare tutto il mondo ai tuoi piedi, ed entrerai nella compagnia degli angeli, nel cuore stesso dell'amore universale.

Dimentica te stesso nel servizio agli altri: vedrai come la felicità divina ti alleggerirà di ogni sofferenza e pena.

"Il primo passo è un buon pensiero, il secondo una buona parola e il terzo una buona azione. Così sono giunto in Paradiso."

Anche tu puoi accedere al paradiso seguendo lo stesso percorso. Solo chi è disinteressato può andare fino in fondo in un luogo che è noto solo ai puri di cuore.

Se non hai compreso questa felicità illimitata puoi iniziare adesso a porre davanti a te l'ideale nobile dell'amore disinteressato e aspirare a esso. L'aspirazione e la preghiera sono il desiderio rivolto verso l'altro. È l'anima che si volge alla fonte divina, dove la soddisfazione temporanea non può essere trovata. Con l'aspirazione le forze distruttive del desiderio si trasformano in energia divina e protettiva. L'aspirazione è scrollarsi di dosso le catene del desiderio, è il figliol prodigo che ritorna alla casa del Padre più saggio di quando è partito.

Quando riesci a espellere il sordido ego, senti le catene rompersi e ti rendi conto di quanta gioia si provi nel donare. Altra cosa dalla miseria dell'accumulare: devi dare sempre, dare beni materiali, dare intelletto, dare l'amore e la luce che cresce dentro.

Allora capirai la verità della frase

Ma il dono deve essere elargito da un cuore puro, che non aspiri a una ricompensa. Se, dopo aver dato, si resta delusi perché non si guadagna niente in cambio, allora il dono è privo di valore. In quel caso non si tratta di dare, ma di pretendere.

Perditi nel benessere degli altri, dimentica te stesso in tutto ciò che fai. Ecco il segreto dell' abbondante felicità.

Stai sempre in guardia contro l'egoismo e impara con fede le lezioni divine del sacrificio interiore, per scalare le più alte vette della gioia e scaldarti sotto i raggi della felicità universale, indossando l'abito splendente dell'immortalità.

Stai cercando una felicità che non tramonti mai?
Stai cercando una gioia vitale che non ti abbandoni?
Stai cercando le fresche acque dell'Amore, della Vita e della Pace?
Allora disfati dei desideri più oscuri e smetti gratificare il tuo ego.

Stai percorrendo la via del dolore, della sofferenza, della pena?
Stai vagando per sentieri che feriscono i tuoi piedi stanchi?
Stai sospirando per una meta che non conosca lacrime e dolore?

Allora sacrifica il tuo cuore egoista e trova il Cuore della Pace.

7
La realizzazione della prosperità

La realizzazione della prosperità è concessa soltanto al cuore che abbonda di integrità, fiducia, generosità e amore. Se un cuore non possiede queste qualità non può conoscere prosperità, perché non si tratta di un bene materiale ma di una realizzazione interiore.

Un uomo avido può arricchirsi, diventare milionario, ma sarà sempre infelice e meschino e sarà pure costantemente invidioso perché ci sarà sempre qualcuno esteriormente più ricco di lui. Chi è ricco dentro non sta invece a guardare i beni materiali altrui: anche se è povero nel portafoglio vivrà nell'abbondanza e nel benessere. Povero è l'insoddisfatto, anche se è ricco. Chi è felice e grato per quello che ha realizzato è più facoltoso del milionario.

Quando pensiamo a come l'universo sia pieno di bontà, materiale e spirituale, e lo confrontiamo con l'avidità cieca di chi annienta se stesso per poche monete d'oro o per un pezzo di terra ci rendiamo conto di quanto un simile essere umano sia egoista e ignorante, dedito soltanto all'autodistruzione.

La natura dà tutto, senza limiti, e non perde niente. L'uomo che accumula tutto, tutto perderà.

Devi toglierti dalla testa questa concezione sbagliata, ma che molti perseguono, che se si fanno le cose onestamente tutto andrà male. Ignora ciò che dice certa gente sulla "legge della competizione". Quella legge li porterà alla rovina, ma cosa insegna all'uomo onesto e giusto? Con la conoscenza di questa

Legge posso meditare su tutte le disonestà senza rimorso, perché so dove si annidano certi pericoli.

In ogni circostanza, se sai di essere nel giusto e credi nella Vera Legge e nel potere divino che è ovunque nell'universo, essa non ti abbandonerà mai e sarai sempre al sicuro. Con questa fiducia ogni perdita diverrà un guadagno, ogni maledizione una benedizione.

Non lasciare mai che l'integrità, la generosità e l'amore ti abbandonino perché, con la giusta dose di energia, sono gli ingredienti per un grande successo.

Diffida dall'ideologia "dell'arrivare per primo", perché si basa sull'egoismo e non sull'uguaglianza. Chi vive in questo modo verrà un giorno abbandonato da tutti e quando, fra le lacrime e senza amici, passerà il tempo a lamentarsi non avrà nessuno che lo possa ascoltare.

Considerare se stessi superiori agli altri vuol dire deformare e ostacolare ogni impulso nobile e divino.

Lascia piuttosto che la tua anima si espanda, apri il tuo cuore con calore e generosità e la tua gioia sarà duratura e la prosperità assicurata. Chi ha abbandonato il cammino della giustizia cerca di evitare il confronto e la competizione. Ma chi persegue sempre il giusto non vive in ansia per simili difficoltà. Questa non è una frase da sottovalutare. Ci sono uomini oggi che, forti della loro integrità, hanno sfidato ogni tipo di competizione e, senza tradire i loro metodi, hanno accresciuto la loro prosperità, a differenza di chi ha cercato di indebolirli.

Per possedere le qualità interiori che assicurano la bontà, è utile essere corazzati contro le potenze del male ed essere doppiamente protetti in ogni momento. Ed edificare se stessi secondo le giuste qualità equivale a ottenere un successo che non può mai essere distrutto.

Raggiungendo una prosperità che durerà per sempre.

La Bianca Veste del Cuore invisibile
È macchiata da peccato, dolore e pene,
e tutti i bagni e le preghiere
Non puliranno quel bianco perduto.

Mentre nel sentiero dell'ignoranza cammino,
le macchie dell'errore non spariranno
La corruzione marchia la tortuosa via
Dove si annida l'angoscia e pungono le delusioni.

La conoscenza e la saggezza possono
Pulire le mie vesti finalmente
Perché qui stanno le acque dell'amore,
la pace indisturbata, eterna e serena.

Il Peccato è la via del dolore
La Saggezza la via della Pace
Nella pratica scorgerò l'inizio
Della Beatitudine, senza pena né dolore.

La Verità sostituirà il mio Io
E l'Uno Immutabile, l'Indivisibile
Vivrà in me, purificando
La Bianca Veste del Cuore Invisibile.

Opere di James Allen

. From Poverty to Power or The Realization of Prosperity and Peace (1901) [Contiene The Path to Prosperity e The Way of Peace]

. As a Man Thinketh ("Sei come pensi di essere", 1902)

. All These Things Added (1903) [Contiene Entering the Kingdom and The Heavenly Life]

. Through the Gates of Good, or Christ and Conduct (1903)

. Byways of Blessedness (1904)

. Out from the Heart (1904)

. The Path of Prosperity (1907)

. Poems of Peace, including the lyrical-dramatic poem Eolaus (1907)

. The Life Triumphant: Mastering the Heart and Mind (1908)

. Morning and Evening Thoughts (1909)

. The Mastery of Destiny (1909)

. Above Life's Turmoil (1910)

. From Passion to Peace (1910)

. Eight Pillars of Prosperity (1911)

. Man: King of Mind, Body and Circumstance (1911)

. Light on Life's Difficulties (1912)

. Foundation Stones to Happiness and Success (1913)

. James Allen's Book of Meditations for Every Day in the Year (1913) [Raccolta dei primi testi, a cura della moglie Lilly L. Allen]

. Men and Systems (1914)

. The Shining Gateway (1915)

Nota biografica

James Allen nasce a Leicester, in Inghilterra, il 28 novembre 1864, figlio maggiore di due fratelli. La sua è una famiglia molto povera: il padre è operaio tessile e la madre è analfabeta. A seguito della crisi dell'industria tessile, il padre di James tenta l'avventura negli Stati Uniti, per cercare un nuovo lavoro e offrire un futuro alla sua famiglia. Appena due giorni dopo il suo arrivo a New York, però, viene derubato e ucciso. All'età di quindici anni, con la famiglia sull'orlo del disastro economico, James è costretto così a lasciare gli studi e a trovarsi un lavoro.

Svolge l'attività di impiegato amministrativo per quasi vent'anni; nel 1893 si trasferisce a Londra dove comincia a maturare l'inclinazione alla scrittura e alla meditazione grazie a due eventi fondamentali per il suo equilibrio emozionale e la sua evoluzione spirituale: l'incontro con Lily Louisa Oram, che sposerà nel 1895, che gli starà accanto tutta la vita e che dopo la sua morte sarà la prima e più appassionata divulgatrice della sua opera, e la collaborazione con la rivista filosofica e spirituale The Herald of Golden Age ("L'Araldo dell'Età dell'Oro").

Grazie all'esperienza maturata con questa rivista, decide di dare una svolta definitiva alla sua vita: lasciare il lavoro di impiegato, trasferirsi a Ilfacrombe, sulla costa sud-occidentale inglese, luogo ideale per il raccoglimento e la meditazione, e dedicarsi interamente all'attività di scrittore. Esordisce nel 1901 con il libro From Poverty to Power ("Dalla povertà al potere") e l'anno successivo, oltre a dar vita a una nuova rivista, The Light of Reason ("La Luce della Ragione"), poi ribattezzata The Epoch ("L'Epoca"), ottiene un grande riscontro con As a Man Thinketh (Sei come pensi di essere), ispirato al passo del Libro dei Proverbi "Come un uomo pensa nel suo cuore così egli è" (23,7). Oggi l'opera è conosciuta in tutto il mondo e con la sua celestiale brevità, la sua straordinaria comunicatività, la sua incisività e raffinatezza è una pietra miliare del pensiero positivo e della scienza della mente.

Fino alla sua morte, avvenuta nel 1912, Allen ha continuato a pubblicare, da uomo libero, economicamente autosufficiente e in pace con se stesso, la sua rivista The Epoch e un libro all'anno. Ci ha lasciato 19 opere, nessuna delle quali speculativa ma tutte frutto dell'esperienza. 19 potenti guide pratiche per trasformare la nostra realtà.

Così la moglie Lily Allen, curatrice delle sue opere postume, riassume la sua missione di scrittore:

"Non ha mai scritto testi teorici, né ha mai scritto libri per amore della scrittura, ma solo quando aveva un messaggio da comunicare. E il messaggio diventava tale solo quando lo aveva vissuto nella sua vita, sperimentato in prima persona e si era accertato dei risultati raggiunti."

Nel nostro catalogo trovi anche

Nel nostro catalogo trovi anche

Nel nostro catalogo trovi anche

Nel nostro catalogo trovi anche

Nel nostro catalogo trovi anche

Nel nostro catalogo trovi anche

Nel nostro catalogo trovi anche

Nel nostro catalogo trovi anche

Nel nostro catalogo trovi anche